Cornelia Staudacher
Spaziergänge durch das literarische Mallorca

Arche

Inhalt

Quellen- und Literaturverzeichnis   138
Bildnachweis   141
Dank   142
Biographische Notiz   142
Personenregister   142

Insel der Ruhe,
Insel des Lichts   5

1.
»Augapfel der Insel«
Im Zentrum von Palma   17

2.
»Sommer voll Seide«
Auf den Spuren von
Albert Vigoleis Thelen
in Palma   37

3.
»Auf der Höhe über Palma«
El Terreno, Bonanova, Génova   51

4.
Das Licht von Mallorca –
»getränkt von Poesie«
Vom Passeig Maritim über
Porto Pi nach Cala Major   69

5.
»Diese herrliche Autofahrt
durchs Gebirge«
Von Andratx die Serra
de Tramuntana entlang
nach Deiá und Valldemossa   81

6.
»Die Pinie von Formentor«
Von Pollença nach
Formentor   111

7.
»Menschen auf der Flucht«
Die Bucht von Cala Rajada   127

Frontispiz: **Frühe Spaziergänger auf Mallorca**

Copyright © 2001 by Arche Verlag AG,
Zürich-Hamburg
Alle Rechte vorbehalten
Umschlag: Max Bartholl, Frankfurt
(unter Verwendung eines Fotos von
Werner Stuhler, Hergensweiler)
Karten: www.kartenwerk.com
Übersichtskarte: © 2001, Gisela Völger, Richtig
Reisen Mallorca, DuMont Buchverlag Köln
Satz: Gaby Michel, Hamburg
Lithos: Repro Studio Kroke, Hamburg
Druck, Bindung: Wilhelm Röck, Weinsberg
Printed in Germany
ISBN 3-7160-2291-7

Insel der Ruhe,
Insel des Lichts

»Lieber Freund und Leser! Wenn du nervenleidend bist oder dir einbildest, es zu sein, was das gleiche ist; wenn dich die Geräusche der Zivilisation aufregen, wenn die Hast dich vor der Zeit dorthin treibt, wo wir nichts zu tun haben; wenn die Geschäfte dir jene Stelle mit Zahlen gefüllt haben, wo der sogenannte Verstand sein sollte; wenn das Kino deine Sehkraft verdorben hat und der Tanzschritt bei dir chronisch geworden ist; wenn dich die Unruhe nicht mehr leben läßt und du ein wenig jene Ruhe genießen möchtest, die in diesem Leben jener verdient, der niemandem etwas zuleide getan hat – so folge mir nach einer Insel, wo immer Ruhe herrscht, wo die Manner es nie eilig haben, wo die Frauen nie alt werden, wo nicht einmal Worte verschwendet werden, wo die Sonne sich länger aufhält und sogar der Herr Mond, von der Faulheit angesteckt, langsamer seinen Weg zieht.«

So enthusiastisch und nach allen Regeln der Kunst der Werbung beginnt Santiago Rusiñol sein Buch über Mallorca, *L'illa de la calma* (dt. *Die Insel der Ruhe*), das während eines seiner zahlreichen Aufenthalte auf Mallorca

Santiago Rusiñol um die Jahrhundertwende

geschrieben und 1922 veröffentlicht wurde. Vielleicht hätte der aus Barcelona gebürtige Schriftsteller und Maler etwas weniger verführerische Töne angeschlagen, hätte er geahnt, daß am Ende desselben Jahrhunderts sonnenhungrige Touristen zu Hunderttausenden seinem Ratschlag folgen werden. Mit dem familiären »du« zieht er den Leser, dem er die schönsten Annehmlichkeiten verspricht, eng ins Vertrauen.

»Ja, lieber Leser, wenn du meinen Rat befolgst und nach Mallorca kommst, wirst du bei deiner Ankunft, noch bevor du den Hafen erreichst, bereits großen Trost empfinden, der deinem Leiden, ›Eile zu haben‹, schon gehörig abhelfen wird. Die Sonne wird schon von dir Besitz ergriffen haben, du wirst die Landungstreppe in aller Ruhe und Heiterkeit herabsteigen, dein Puls wird langsamer klopfen, deine Uhr wird sich verspäten, ein bleiernes Gefühl wird deine Füße durchströmen, süße Empfindungen legen sich auf deine Augen, deine Rede wird langsamer.

Ja, ich sage dir: In dem Augenblick, in dem du hier an Land gehst, wirst du von solch einer rhythmischen und melodiösen Faulheit ergriffen werden, von solch einer sicheren und entscheidenden Lust, einfach nichts zu tun und in eine solch dauernde Träumerei zu verfallen, daß du sagen wirst: Dies ist das Land, das ich zur Linderung meines Leidens nötig hatte, wo man, ohne zu schlafen, ruhen und träumen kann.«

Mallorca, die größte der Baleareninseln, gilt heute als die touristische

George Sand. Gemälde von Auguste Charpentier

Mittelmeerinsel par excellence. Knapp acht Millionen Touristen kamen im Jahr 2000. In den hochsaisonalen Stoßzeiten landet auf dem Flughafen von Son San Joan, der fast schon wieder aus allen Nähten platzt, alle vier Minuten ein Flugzeug. Die angekommenen Passagiere werden, sofern sie sich nicht ein Auto mieten oder von Freunden abgeholt werden, in Bussen in die großen Hotel- und Appartementsiedlungen entlang der Küste gebracht. Das Innere der Insel ist von den Touristenschwärmen noch immer weitgehend unberührt. Lediglich die Fahrt zum Kloster von Valldemossa, wo Chopin und George Sand ihren legendären *Winter auf Mallorca* verbrachten, ist obligatorisch, und vielleicht noch ein Rundgang durch die pittoreske Altstadt Palmas. Das war's dann aber auch schon! Mallorca steht für Strand, Sport, Amüsement und Unterhaltung. Das kulturelle und intellektuelle Leben hat da ein Nachsehen.

Seit einiger Zeit bemüht sich der Conselleria de Cultura, Educació i Esports del Govern Balear, das Image der Insel kulturpolitisch aufzupolieren. Das Angebot an kulturellen Veranstaltungen, an Ausstellungen, Konzerten und Theatergastspielen ist groß. Im Sommer werden an verschiedenen Orten auf der Insel Festivals veranstaltet. Kongresse werden abgehalten und interessante Studiengänge an der Universidad de Palma de Mallorca angeboten. Man besinnt sich auf die eigenen kulturellen Traditionen, aber auch auf die Einflüsse und Anregungen ausländischer Künstler und Schriftsteller, die sich für kürzere oder längere Zeit auf Mallorca aufgehalten und darüber geschrieben haben.

Dem Zauber der Landschaft und der Magie des Lichts kann sich niemand entziehen, der die »Insel des Lichts«, wie sie auch genannt wird, einmal besucht hat. Das Licht ändert sich je nach Jahres- und Tageszeit, behält aber stets diese weiche Klarheit, die, künstlerisch verdichtet, in Bildern von Joan Miró zum Ausdruck kommt. Die Landschaft hat vieles zu bieten, schroffe Steilhänge und gebirgige Schluchten im Nordwesten der Insel, abgeschiedene Dörfer in den malerischen Berglandschaften im Innern, fruchtbare grüne Felder im Südosten, auf denen noch heute unzählige Windmühlen stehen, angetrieben vom Midjorn, der hier fast immer bläst.

Frédéric Chopin. Gemälde von Ary Scheffer, 1847

Schon lange, bevor der Massentourismus von der Insel Besitz ergriffen hatte, war sie ein Anziehungspunkt für Künstler, Dichter und Bohemiens aus Europa und Amerika. Einer der ersten, die sich in die Insel verliebten und aus solcher Begeisterung heraus viel für Land und Leute getan haben, war der österreichische Erzherzog Ludwig Salvator, der *Arxiduc*. Er wird – zusammen mit George Sand und Frédéric Chopin – gern als Urvater des Tourismus angesehen. »Ich bin in der Mitte des Schönsten, was die Welt zu bieten hat«, schrieb Frédéric Chopin in einem Brief an seinen Freund Julian Fontana, nachdem er gemeinsam mit George Sand und deren beiden Kindern im November 1838 auf Mallorca gelandet war.

Um die Wende vom 19. zum 20. Jahr-

Erzherzog Ludwig Salvator von Habsburg-Lothringen, genannt der *Arxiduc*, im Alter von 25 Jahren

hundert galt Mallorca als Geheimtip für wohlhabende Ausländer. In den zwanziger Jahren entwickelte sich ein »intellektueller Tourismus«, wie der katalanische Publizist Damiá Pons in der Zeitschrift *Randa* feststellt. Man traf sich am Borne im Zentrum Palmas oder in den Cafés und Bars von El Terreno, einem Vorort der Stadt, der für kurze Zeit so etwas wie ein kleines mediterranes Montmartre geworden war. »*Mallorca is a paradise if you can stand it*«, resümierte Gertrude Stein, die sich mit ihrer Freundin Alice B. Toklas während des Ersten Weltkriegs für einige Monate auf Mallorca aufhielt.

In den dreißiger Jahren kamen pazifistisch gesinnte Schriftsteller auf der Flucht vor dem Faschismus und auf der Suche nach einer vorübergehenden Heimat auf die Insel, u. a. Albert Vigoleis Thelen, Georges Bernanos und Karl Otten. Mit dem Beginn des Bürgerkriegs, 1936, erfuhr diese vielversprechende Entwicklung ein jähes Ende.

Die über dreißig Jahre dauernde Diktatur Francos nach dem Sieg der Falangisten führte ganz Spanien erneut in eine Isolation, mit deren Folgen das Land bis heute zu tun hat. In den sechziger Jahren öffnete es sich allmählich in geistiger, vor allem aber in wirtschaftlicher Hinsicht. Der nun einsetzende und sich binnen kurzer Zeit zu einem Massenphänomen entwikkelnde Tourismus brachte Mallorca zwar Reichtum und Wohlstand, aber auch ein Image, von dem sich viele ihrer Bewohner heute gern distanzieren. Der Kommerz bedroht das geistige, künstlerische und intellektuelle Leben auf der Insel. Manche auf Mallorca geborene Schriftsteller, Künstler und Intellektuelle kehrten ihrer Heimat den Rücken und gingen nach Barcelona, wo sie sich größeren Herausforderungen gegenübergestellt sahen, wie der Andratxer Schriftsteller Baltasar Porcel, der in Barcelona das Institut Català de la Mediterrània leitet, oder Basilio Baltasar, der Leiter des angesehenen Literaturverlags Seix Barral. Letzterer bezeichnet die Gefahren des massentouristischen Ansturms als »*Crac moral*«.

Dem entgegenzuwirken und das Augenmerk auf das kulturelle und literarische Leben der Insel zu richten, ist das Buch nicht zuletzt geschrieben worden. Mallorca sei der Ort auf der Welt, der die meisten Dichter pro Quadratmeter hervorbringe, konnte der mallorquinische Dichter und Grün-

Albert Vigoleis Thelen und seine Frau Beatrice, 1937

der der *Escuela Mallorquina*, der Mallorquinischen Dichterschule, Miquel Costa i Llobera, 1876 noch behaupten – vielleicht eine euphorische Übertreibung. Doch die Zahl der mallorquinischen Schriftsteller und Poeten ist beträchtlich, auch wenn bisher nur einige von ihnen über die Grenzen Spaniens hinaus bekannt geworden sind. Auch das vielleicht eine Folge der Diktatur und der sich anschließenden schwierigen *transición*, wie die Spanier die Periode des Übergangs von der Diktatur zur Demokratie nach Francos Tod im Jahre 1975 nennen.

Auf sieben Spaziergängen gehen wir den Spuren einheimischer und auswärtiger Schriftstellerinnen und Schriftsteller nach. Nicht immer sind die Geburts- oder Wohnhäuser zu lokalisieren, denn die bei uns weit verbreitete Praxis, durch Gedenktafeln auf Geburts- oder Wirkungsstätten berühmter Persönlichkeiten aufmerksam zu machen, wird hier wenig gepflegt. Hinzu kommt, daß im Zuge der regen Bautätigkeit der letzten zwanzig Jahre ganze Straßenzüge verlegt wurden und viele der zu Beginn des 20. Jahrhunderts errichteten kleineren Gebäude modernen Ferienanlagen weichen mußten, so daß einzelne Häuser und Hotels nicht mehr eindeutig zu lokalisieren oder gar nicht mehr zu eruieren waren.

Es geht bei diesen Rundgängen und Ausflügen, die zu großen Teilen auf persönlichen Gesprächen und Recherchen vor Ort beruhen, vielmehr darum, die Aura der Orte zu erfassen, an denen einzelne Schriftsteller gelebt und gewirkt haben, die dort entstandenen literarischen Werke vorzustellen und die Wechselwirkungen zwischen einheimischen und auswärtigen Literaten zu beleuchten. Um so deutlich zu machen, daß es bei aller Skepsis gegenüber der touristischen Entwicklung auf Mallorca auch ein interessantes kulturgeschichtliches und literarisches Leben gegeben hat und gibt.

Hinweise:

• Zur einfacheren Orientierung werden sämtliche Ortsangaben und Straßennamen in der katalanischen bzw. mallorquinischen Schreibweise genannt, zumal sich nach Francos Tod erst allmählich das Mallorquinische durchsetzte und bis heute in Karten und Büchern beide Schreibweisen nebeneinander bestehen bzw. vermischt werden. Hier steht C/ für *Carrer* bzw. *Calle* (Straße) und Av. für *Avinguda* bzw. *Avenida* (Avenue).

• Auf die Angabe von Öffnungszeiten der öffentlich zugänglichen Gebäude wurde verzichtet. Diese sind in den verschiedenen *Officinas de turisme* zu erfragen bzw. den drei deutschen Wochenzeitungen *Mallorca Zeitung*, *Mallorca Magazin* und *Palma Kurier* zu entnehmen.

• Vom dritten Spaziergang an empfiehlt es sich, ein Auto zu mieten.

• Die Spaziergänge fünf, sechs und sieben können auch als Rundfahrt mit Ausgangspunkt Andratx im Westen der Insel bzw. Palma miteinander verbunden werden. In diesem Fall kann man abseits der großen, hier genannten Straßen auf kleinere ausweichen und in den an diesen Straßen liegenden Dörfern die Fahrt je nach Lust und Laune unterbrechen. Manche der kleinen Dorfplätze laden selbst in ihrem modernisierten Ambiente zu einem Kaffee oder *refresco*, einem Erfrischungsgetränk, ein.

Die Windmühlen – Wahrzeichen von Mallorca

Im Innern der Insel gibt es sie durchaus noch – die ruhigen, beschaulichen Plätze, die Rusiñol vor mehr als hundert Jahren dazu bewegten, die ganze Insel als Synonym für Ruhe und Beschaulichkeit zu verstehen: »Das Wort Insel bedeutet nicht nur ein Stück Erde, das auf allen Seiten von Wasser umgeben ist. Es bedeutet vielmehr Land des Friedens, der Träume, Obdach der Stille.«

Ein kurzer Ausflug in die Geschichte Mallorcas

Die Insel blickt auf eine wechselvolle Geschichte zurück. Invasoren hat es hier immer gegeben, die touristische Invasion ist gewissermaßen nur das Ende einer langen Kette. Zuerst kamen die Griechen, dann die Perser, dann die Phönizier. Die Inselbewohner aber wußten die günstige geographische Lage für ihre seeräuberischen Beutezüge zu nutzen, oder sie verdingten sich in Söldnerheeren als *baliarides*, als Steinschleuderer (von griech. *ballein*, werfen, schleudern), als welche sie wegen ihrer exzellenten Treffsicherheit gerühmt und gefürchtet waren. Daher rührt der Name »Baleares«.

Schon die römische Kriegsflotte, die 123 v. Chr. unter dem Oberbefehl von Quintus Caecilius Metellus in der Bucht von Alcúdia landete, wurde mit einem Hagel von Steinen empfangen. Die Römer nahmen die Insel dennoch ein und gründeten die ersten Ansiedlungen, darunter Pollentia, Inca, Manacor und Palma, dessen Name von lat. *palmaria*, die Siegespalme, abgeleitet ist. Sie führten die Ölbaumkultur und den Weinanbau auf der Insel ein und begannen, aus der roten, tonhaltigen Erde Töpfe und Krüge herzustellen. Olivenöl und Töpferwaren wurden ins Mutterland exportiert. Zum erstenmal florierte die Wirtschaft.

Mit dem Sieg der Araber über König Roderich 711 bei Jerez de la Frontera setzte der Siegeszug der Mauren in Spanien ein. 902 wurde die Insel durch ein Invasionsheer Emir Abd-Allahs eingenommen. Damit begann eine der kulturell fruchtbarsten Epochen Mal-

Stadtplan von Palma. Kupferstich von Antonio Garau, 1644

lorcas, das zu einem Hauptstützpunkt der arabischen Flotte im Mittelmeer wurde. Von hier führten die Araber ihre Seeräuberkriege gegen die Christen. Über 300 Jahre beherrschten die Mauren die Insel, deren Hauptstadt, das heutige Palma, sie »Medina Mayurka« nannten. Die Araber, die meinten, für immer auf der Insel bleiben zu können, legten Bewässerungsanlagen an und verwandelten die steinigen Hänge der Westküste in fruchtbare Terrassen, auf denen bis heute Orangen, Zitronen, Aprikosen und Mandeln angebaut werden. Sie intensivierten den Weinbau und führten Töpferei und Kunsthandwerk zu großer Blüte. Sie errichteten Landvillen mit prächtigen Gärten und repräsentative *Palaus*, Stadtpaläste, die noch heute zu besichtigen sind.

Die *Reconquista*, die Rückeroberung Spaniens durch das aragonische Königshaus, begann im Norden Spaniens am Anfang des 13. Jahrhunderts. Am 12. September 1229 landete ein aus knapp 15 000 Soldaten bestehendes Heer unter dem Oberbefehl von Jaime I. auf 143 Schiffen an verschiedenen Stellen von Mallorca. Am Coll de Sa Batala in der Nähe von Palma kam es zur Schlacht. Nach dreimonatiger Belagerung erstürmten am Silvesterabend des Jahres 1229 die Spanier die Stadt. Auf der Araberfestung Almudaina erhielt Jaime I., der als *Conquistador* (Eroberer) noch heute gefeiert wird, den Stadtschlüssel von dem Maurenkönig.

In das nun christliche Land strebten von überall her die Kaufleute. Nach dem Tod Jaime I. ging Mallorca an seinen Sohn Jaime II., der das Königreich Mallorca gründete. Unter Jaime III. kam es zu einer neuen Blütezeit in Handel und Seefahrt, Wissenschaft und Kunst. Mallorca wurde zu einer Hochburg für Seefahrer und Schiffsbauer und zu einem Zentrum der Kartographie und der nautischen Wissenschaft. Die hier erstellten Karten waren die schönsten und genauesten der Welt. Um sich gegen die wiederholten räuberischen Überfälle algerisch-türkischer Piraten zu verteidigen, bauten die Inselbewohner entlang der Küste Wacht- und Verteidigungstürme, *atalayas*, und verlegten die Dörfer ins Innere der Insel. Die prosperierende Segelschiffahrt führte im 16. und 17. Jahrhundert zu einem enormen Aufschwung des Handels und zu wachsendem Wohlstand, der eine rege Bautätigkeit vor allem in der Hauptstadt zur Folge hatte.

Die zwanziger und dreißiger Jahre des 20. Jahrhunderts sind von Krisen und Umbrüchen gekennzeichnet. Auf die Diktatur unter Primo de Rivera (1923–1930) folgt eine republikanische, von Unruhen begleitete Periode. Der Spanische Bürgerkrieg (1936–1939) begann mit dem Putsch der Falangisten unter General Franco im Juli 1936 als Reaktion auf den überwältigenden Wahlsieg der Linken im Januar desselben Jahres. Der in der Republik in Ungnade gefallene General Godet, der sich auf Mallorca verborgen hielt, putschte am 18. Juli und erstickte den bei der eher konservativen

Jaime III., der letzte König Mallorcas, bei der Thronbesteigung 1324

14

Inselbevölkerung ohnehin geringen republikanischen Widerstand gegen die Falangisten im Keim. Zudem stammte einer der engsten Vertrauten Francos, der Großgrundbesitzer und Waffenschmuggler Juan March Ordinas, der die Falange mit Geld- und Waffenlieferungen unterstützte, von der Insel. In den ersten sieben Monaten der francistischen Herrschaft auf Mallorca wurden über 3 000 Menschen umgebracht. Während des Zweiten Weltkriegs nutzten deutsche U-Boote die verschwiegenen Häfen der Balearen als Schlupfwinkel, um von hier aus Schiffe der Alliierten Flotte im Mittelmeer anzugreifen.

Nach dem Ende des Bürgerkriegs verbesserte sich die soziale Situation der mallorquinischen Bevölkerung erst allmählich. In den vierziger Jahren verließen viele Bauern die Insel, um in Kuba oder Südfrankreich Glück und Wohlstand zu suchen. Haupteinnahmequelle war noch immer die Landwirtschaft, aber auch Handwerks- und Kleinindustriebetriebe (Töpfereien, Glasbläsereien, Lederverarbeitung, Spitzenklöppelei). Wesentlich zur Hebung des Lebensstandards trug schließlich der Tourismus bei, der sich ab 1960 rapide entwickelte. Er brachte nicht nur die Bevölkerungsabwanderung zum Stillstand, sondern führte zu einem massiven Zustrom von Arbeitskräften vom spanischen Festland. Innerhalb von dreißig Jahren wurde die bäuerlich geprägte Gesellschaft Mallorcas so zu einer Dienstleistungsgesellschaft ungeahnten Ausmaßes. Heute sind die Balearen die reichste Provinz Spaniens.

Catredal La Seu, Palma

1. »Augapfel
der Insel«
Im Zentrum
von Palma

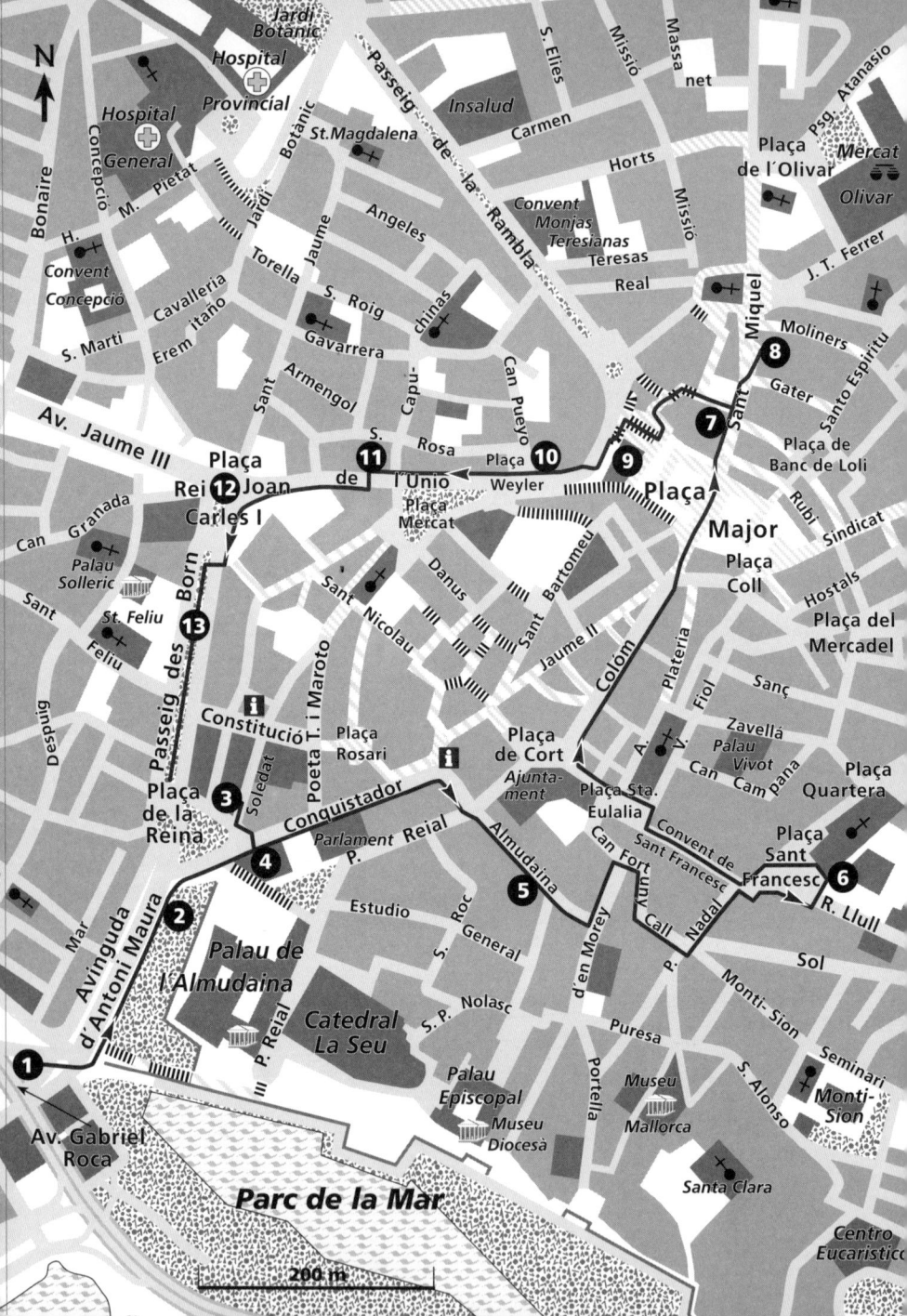

Bei diesem ersten Spaziergang bleiben wir im Zentrum von Palma, dem ältesten Teil der Stadt. Der Weg führt durch enge Gassen, die noch aus der arabischen Zeit stammen, als die Stadt den Namen Medina Mayurka trug, aber auch über prächtige, schattige Paseos und die stark befahrenen Avenidas der Innenstadt. Unterhalb der Kathedrale, an einem Hauptverkehrsknotenpunkt, auf einer der meist befahrenen Straßen Palmas, wo die Av. d'Antoni Maura auf die Av. Gabriel Roca trifft, beginnt der erste Spaziergang.

Ramon Llull

❶ Denkmal für Ramon Llull
Av. d'Antoni Maura /
Av. Gabriel Roca

Umbrandet vom nie endenden Verkehr, steht hier das Denkmal des Mannes, von dem wohl kaum einer der Zigtausenden von Touristen, die in Bussen auf ihrem Weg vom Flughafen zum Hotel vorbeigekarrt werden, je etwas gehört hat oder doch zu den gefeiertsten Heroen der Insel gehört. Die Kinder lernen seine Verse in der Schule, und es gibt kaum einen Ort auf der Insel, in dem nicht eine Straße oder ein Platz nach ihm benannt ist. Ein Mann in wallendem Mönchsgewand und leichten Sandalen, agil und energisch dastehend. Sein Blick schweift übers Meer in die Ferne, in südliche Richtung, nach Afrika. Der lange Bart läßt den Philosophen erkennen, *philosophus barbatus* wurde er genannt, oder *doctor illuminatus*. In der linken Hand hält er ein aufgeschlagenes Buch, in der rechten eine Feder – als

wolle er die Verkehrssünder aufschreiben, wie es im Volksmund heißt. Das Denkmal, in den sechziger Jahren von dem mallorquinischen Bildhauer Horatio de Egria errichtet, stellt den Philosophen und Eremiten Ramon Llull dar.

Ramon Llull oder Raimundus Lullus (1232–1315) war Mystiker, Gelehrter, Missionar und Dichter. Mit seinem in Altkatalanisch geschriebenen utopisch-religiösen Entwicklungsroman *Blanquerna* gilt er als Begründer der katalanischen Literatur. Er hinterließ ein umfassendes Werk, bestehend aus Lyrik, Prosa, religiösen Traktaten und philosophischen Abhandlungen. Er starb, wahrscheinlich im Jahr 1315, nach der Rückkehr von seiner vierten Missionsreise, an den Verletzungen, die ihm durch muslimische Araber zugefügt worden waren. Eine nach ihm benannte Gesellschaft setzt sich seit Jahren beim Vatikan für seine Heiligsprechung ein. Bisher jedoch vergeblich, denn Llull, der dem Franziskanerorden nahestand, konnte kein Mönchsgelübde ablegen, weil er bis zu seinem 30. Lebensjahr ein weltliches Leben geführt hatte. Geboren als Sohn eines Landadligen, der als Dank für treue Vasallendienste von Jacob I. Ländereien auf der Insel erhalten hatte, wuchs Ramon Llull in wohlhabenden Verhältnissen und in Treue zum König auf. In jungen Jahren war er Beamter und Troubadour am Hofe Jacobs I. Mit zwanzig Jahren heiratete er Blanca Picany, eine reiche Mallorquinerin, die ihm zwei Kinder gebar.

Seine Bekehrung, um die sich allerlei Legenden ranken, fällt in das Jahr 1263. Die spektakulärste geht auf eine Passage in seinem didaktischen Roman *Felix* zurück und erzählt von einem jungen Mann, der oft und gern der Minne frönte. Als er eines Tages eine Dame erobert hatte und zu seinem Entsetzen entdecken mußte, daß ihre Brüste von der Pest zerfressen waren, schwor er, sein Leben zu ändern und von nun an auf den Pfaden der Tugend zu wandeln.

Im Buch *Vita coaetanea*, einer Art Autobiographie, berichtet er über seine Bekehrung, wie er eines Abends neben seinem Bett saß und eine Kantilene für eine Dame dichten wollte, in die er gerade närrisch verliebt war. »Aber kaum hatte er einige Verse niedergeschrieben, da blickte er auf und sah zu seiner Rechten unseren gekreuzigten Herrn Jesus Christus. Die Vision erfüllte ihn mit Angst. Er legte alles aus den Händen und begab sich zu Bett, um zu schlafen.« Nachdem sich diese Erscheinung mehrere Male wiederholt hatte, entschied er sich, sein Leben fürderhin als Prediger, Missionar und Gelehrter in den Dienst der Verbreitung der christlichen Wahrheit und der Bekehrung der Sarazenen zum christlichen Glauben zu stellen.

Llull gilt als Protagonist des interkulturellen Dialogs, dem eines seiner bekanntesten Werke gewidmet ist: *Llibre del gentil e dels tres savis* (dt. *Das Buch vom Heiden und den drei Weisen*). Darin konstruiert er ein Glaubensgespräch zwischen einem Heiden und einem Christen, einem Juden und einem Muslim, an dessen Ende sich der Heide für eine der drei Religionen entscheiden soll. Nachdem jeder der drei Weisen die Gelegenheit hatte, seine Religion in einer ausführlichen, aber jedermann verständlichen Abhandlung darzustellen, bedient sich Llull eines dramaturgischen Tricks: Der Heide, der in der Ferne zwei andere Heiden durch den Wald kommen sieht, schlägt vor, auf diese zu warten, um die in seinen Augen wahre Religion in ihrer Gegenwart zu verkünden. Die drei weisen Männer aber stehen auf und nehmen Abschied von ihm. »Sie segneten ihn vielmals wie er sie, und ihr Abschied war voller Umarmungen, Küsse, Tränen und Seufzer.« Auf die Frage des Heiden, warum sie nicht blieben, antworten sie, sie zögen es vor, nicht zu erfahren, welche Religion er gewählt habe, »damit jeder von ihnen frei sei, seine eigene Religion zu wählen«. Nicht um »Hei-

Teatro Lirico (li.) und das Hotel Alhambra, um 1910

denbekehrung« allein geht es Ramon Llull, sondern um den Dialog zwischen den Religionen, »bis wir alle drei uns zu einem einzigen Glauben und einer einzigen Religion bekennen und bis wir einen Weg finden, wie wir einander am besten ehren und dienen können, so daß wir zur Eintracht gelangen«.

Wir begeben uns nun in Richtung Stadt die Av. d'Antoni Maura hinauf. Dabei passieren wir auf der rechten Seite der Avenida einen kleinen Park, der an seiner rechten Seite von der Mauer des zum Palau de l'Almudaina gehörenden Gartens, einem Teil der Stadtmauer, begrenzt wird. Dieser Bereich war bis in die fünfziger Jahre mit einer geschlossenen Häuserzeile bebaut.

❷ Bar Alhambra
Av. d'Antoni Maura /
Ecke C/ Conquistador

Bis zu den Stufen, die zum Palau de l'Almudaina hinauffuhren, reichte das Gebäudeensemble, dessen optische Glanzpunkte das Hotel Alhambra und das Teatro Lirico waren. In der zum Hotel gehörenden Bar Alhambra verkehrten u. a. Albert Vigoleis Thelen, der in der gegenüberliegenden Straße C/ de la Soledat seine erste Bleibe hatte (vgl. S. 22 ff.), und Georges Bernanos. Auch Llorenç Villalonga ließ sich gelegentlich hier blicken, wenngleich die einheimischen Schriftsteller und Intellektuellen die Bars und Cafés am oberen Teil des Passeig des Born (vgl. S. 35 f.) bevorzugten.

Wir sind nun zur Plaça de la Reina gelangt, überqueren die schräg rechts in die Altstadt hinaufführende C/ Conquistador und erreichen eine auf der anderen Seite des Platzes einmündende kleine Straße, die C/ de la Soledat.

❸ Erstes Quartier von Albert Vigoleis Thelen und Beatrice Thelen C/ de la Soledat, 4

Mit seinem Roman *Die Insel des zweiten Gesichts* hat der im niederrheinischen Süchteln geborene Schriftsteller Albert Vigoleis Thelen (1903–1989) den Mallorca-Roman par excellence geschrieben. Obwohl erst im Jahr

Umschlag der Erstausgabe von Albert Vigoleis Thelens Roman, 1953

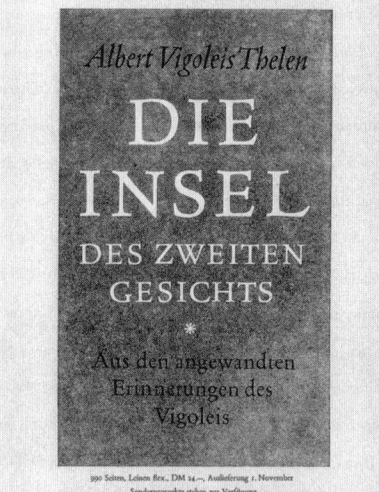

EINE DONQUICHOTTERIE
DES XX. JAHRHUNDERTS

Albert Vigoleis Thelen

DIE
INSEL
DES ZWEITEN
GESICHTS
*
Aus den angewandten
Erinnerungen des
Vigoleis

990 Seiten, Leinen flex., DM 14,—, Auslieferung 1. November
Sonderprospekte stehen zur Verfügung.

EUGEN DIEDERICHS VERLAG

1953, nach der Rückkehr aus der Emigration nach Deutschland, verfaßt, erzählt Thelen in den »angewandten Erinnerungen«, wie er diese Chronik nennt, mit einer bei allem Witz fast als manisch zu bezeichnenden Akribie von den Erlebnissen und Erfahrungen, die er und seine Frau Beatrice während ihres von 1931 bis 1936 dauernden Aufenthalts auf Mallorca gemacht haben.

Wo immer man diese Chronik der laufenden Ereignisse aufschlägt, stößt man auf pralles, mediterranes Leben, dargebracht in der Form eines Schelmenromans im Ton schnurriger Phantasterei, voll stilistischer Raffinesse und süffisanter Ironie. Seiner im tiefsten Innern skeptisch-melancholischen Lebenseinstellung setzt Thelen einen teils untergründig subtilen, gelegentlich aber auch derb-komischen Witz und seine barock ausufernde Fabulierlust entgegen. Der Roman ist ein Panoptikum phantastisch-pikaresker Geschichten und bizarrer Gestalten: Neben allerlei bekannten Zeitgenossen ist er von Bauern und Fischern, Zöllnern und Handwerkern, Huren und Schmugglern ebenso bevölkert wie von geschäftstüchtigen Händlern und eingeschlafenen »Puderaristokraten«. Auch wenn bei der Lektüre des Romans Vorsicht geboten ist, denn Dichtung und Wahrheit gehen darin eine ebenso raffinierte wie vergnügliche Beziehung ein – Thelen liebt Übertreibungen und stilistische Finessen und kreiert der direkten Anschauung wegen gern eigene, in ihrer Drastik unübertroffene Wörter –, der Roman vermittelt dennoch einen realen Einblick in das politische und geistige Klima Mallorcas der Jahre 1931 bis 1936.

Bereits 1931 verließen Albert Vigoleis Thelen und seine Frau Beatrice Deutschland, um der »Verherdung eines ganzen Volkes unter einem blökenden Leithammel« zu entkommen. Beatrices Bruder Zwingli, von den Einheimischen »Don Helvecio« genannt, lebte schon längere Zeit auf der Insel und hatte seiner Schwester in Briefen von dem renommierten Hotel Principe Alfonso (vgl. S. 74 ff.) vorgeschwärmt, in dem er einen einträglichen Posten zu haben vorgab und angeblich ein Zimmer für seine Gäste reserviert hatte, was sich bald nach ihrer Ankunft als Chimäre herausstellte. Statt dessen mußten Vigo und Beatrice mit einem kleinen Zimmer in der Wohnung vorliebnehmen, die der Bruder für seine aus Valencia stammende spanische Geliebte Maria del Pilar gemietet hatte.

Manzana, »der Apfel«, ließ der Teil des riesigen Mietshauskomplexes, in dem die Wohnung lag. Sie hatte ihre Fenster nach drei Straßen hinaus, von denen die C/ de la Soledat, die »Einsamkeit«, wie Thelen sie lakonisch nennt, in der Julietta, eine Mitbewohnerin, »ihre aufkeimenden Reize an den Gassenjungen zu erproben pflegte«, die schäbigste war. Die vornehmere Seite des Hauses war dem Borne zugewandt. »Die Bewohner, Mieter wie Eigentümer, sahen auf Palmen hinab und nicht zum Beispiel in die verdreckten Zimmer und Sortiergemächer des Hauptpostamtes.« Der Besitzer des Hauses, das sich in einem

Beatrices Bruder Zwingli, einer der Protagonisten des Romans *Die Insel des zweiten Gesichts*

äußerst maroden Zustand befunden haben muß, war ein Graf, über den allerlei »ergötzlich-ehrenrührige« Geschichten im Umlauf waren. Die Miete wurde von einem Makler eingetrieben, »der auch bald schon Beatricens Bekanntschaft machen kam, was uns sehr schmeichelte. Er zog mit einem fetten Betrag an rückständigem Zins wieder ab. Den Grafen ließ ich grüßen. Ich liebe den Verfall, nicht nur in den Gedichten von Quental oder Trakl.«

Im selben Haus war die Bar La Veda, eine kleine, schummrige Kneipe, in der sich allerlei undurchsichtige Gestalten tummelten. Auch Thelen ließ sich, wenn er nicht ins Alhambra ging, gern hier zu einem Kaffee nieder, zumal das

Geschäft das einzige in der Stadt war, »wo die immer zahlreicher werdenden Fremden ausländische Zeitungen und Reiselektüre kaufen konnten«. Und als seien es noch nicht genug der Bars, eröffnete Schwager Zwingli in den Tagen nach der Ankunft von Albert Vigoleis Thelen am anderen Ende der Gasse noch die Bar Valencia, in der Pilar für einige Zeit ihre valencianischen Kochkünste feilbot.

An der Ecke, wo die C/ de la Soledat auf die C/ Conquistador stößt, liegt auf der anderen Seite der C/ Conquistador, die leicht ansteigend in Richtung Altstadt führt, ein repräsentatives Bürgerhaus, die Biblioteca March.

❹ Biblioteca March
C/ Conquistador, 1

Die Bibliothek, eine der ältesten und renommiertesten der Stadt, ist aus der Privatbibliothek von Juan March Ordinas (1880–1962) hervorgegangen

Juan March Ordinas

und befindet sich in dem Haus, in dem March mit seiner Familie wohnte – jener Millionär und Waffenschieber, der es in der Zweiten Republik vom Schweinehirten zu einem der reichsten Männer der Welt gebracht hatte, 1926 das Bankhaus March gründete und im Bürgerkrieg die Falangisten reichlich mit Geld und Waffen unterstützte. Die Bibliothek verfügt über einen großen Fundus alter Bücher und Zeitschriftenfolianten, die auf Wunsch von einem der Mitarbeiter ausgehändigt werden, im ehrwürdigen holzgetäfelten Lesesaal gelesen, auch fotokopiert, aber nicht ausgeliehen werden können.

Wir gehen die C/ Conquistador hinauf und biegen rechts in die C/ Almudaina, in der sich eine Reihe hochherrschaftlicher Bürgerhäuser befindet, mit den für diesen Stadtteil typischen, Kühle spendenden »Patios«, den Innenhöfen. Das Haus Nr. 9, Can Bordils, beherbergt das Stadtarchiv. Nr. 11 ist die Casa Villalonga.

❺ Casa Villalonga
Geburtshaus von
Llorenç Villalonga
C/ Almudaina, 11

In diesem Haus wurde Llorenç Villalonga (1897–1980) geboren und lebte hier bis zu seinem Tod, wenn er sich nicht auf einem seiner Landsitze in Génova oder Binissalem aufhielt. Villalonga gilt als Grandseigneur der mallorquinischen Literatur des 20. Jahrhunderts. Wie der Sizilianer Giuseppe Tomasi di Lampedusa, mit dem er häufig verglichen wird und dessen Ro-

Ein *Patio* aus dem 16. Jahrhundert

man *Il Gattopardo* er ins Katalanische übersetzte, stammte er aus einer alteingesessenen aristokratischen Familie. Er studierte Medizin und Jura in Murcia, Barcelona, Madrid und Saragossa. Ein leidenschaftlicher Anhänger des Ancien régime, hat er zeitlebens die Ideale der Belle Époque vertreten. Er war ein profunder Kenner und Verehrer der französischen Literatur und ein brillanter Stilist, ein Homme de lettres, dessen Belesenheit und Bildung sich in seinen Werken widerspiegelt. Llorenç Villalonga setzte den folkloristischen, regionalistischen Tendenzen der Mallorquinischen Dichterschule sein ästhetisches Konzept einer urbanen, kosmopolitischen Literatur entgegen. Gemeinsam mit seinem Bruder

Miquel Villalonga edierte er zwischen 1934 und 1936 die Kulturzeitschrift *Brisas*, die sich als Antwort auf *La Nostra Terra*, das Periodikum der Anhänger der *Escuela Mallorquina* (vgl. S. 113 ff.), verstand. Seinen ersten Roman, *Mort de Dama* (1931, »Tod einer Dame«), eine Chronique scandaleuse der Palmeser Gesellschaft, schrieb Llorenç Villalonga aus Ärger über eine Tante, die ihn enterbt hatte. In den fünfziger Jahren erschien sein bekanntester, auch ins Deutsche übersetzter Roman *Bearn o la sala de las muñecas* (dt. *Das Puppenkabinett des Senyor Bearn*, 1991), ein halb satirischer, halb elegischer Abgesang auf die untergehende adlige Gesellschaft Mallorcas. Er beschreibt

**Llorenç Villalonga,
Unbekannter Maler**

den Niedergang des mallorquinischen Adelsgeschlechts der Bearns, auf deren Landgut im Innern der Insel die Handlung angesiedelt ist. Das Zusammenleben von Toni Bearn, seiner Frau Doña Maria Antonia und seiner Nichte Doña Xima, einer verführerischen jungen Frau, die Bearn als seine Geliebte vorübergehend nach Paris entführt, wird aus der Perspektive des Hauskaplans Don Joan Mayol erzählt. Aus der Konfrontation dieser zwei grundverschiedenen Haltungen – der lasterhaften Bearns und der gottesfürchtigen des braven Kaplans, der bei aller Entrüstung eine leise Bewunderung für die sündigen Abenteuer seines Herrn hegt – bezieht der Roman seine Wirkung.

»Du mußt, Freund, das Entsetzen eines wilden Achtzehnjährigen verstehen. Doña Xima in der schönsten Blüte ihrer Schönheit und auch ihrer Verdorbenheit war in meiner Phantasie die Verkörperung des Teufels. Tausendmal habe ich, umgeben von diesen Bergen, an sie gedacht, wie der heilige Augustin in der Wüste wohl an die Königin von Saba gedacht haben wird. Doña Xima war damals eine Frau von etwa dreißig Jahren, eine blühende und begehrenswerte Rose, die Erweckerin von traurigen und tödlichen Begierden.«

Villalongas Haltung im Bürgerkrieg und seine politische Einstellung während der Jahre der Franco-Diktatur sind bis auf den heutigen Tag umstritten. Manche der jüngeren, nach dem Bürgerkrieg geborenen Kollegen verübelten es ihm, dem »hombre conservador«, sich während des Bürgerkriegs aus pragmatischen Gründen allzusehr mit den Falangisten eingelassen und während der Diktatur mit Franco sympathisiert zu haben. Tatsächlich sah Villalonga im aufkommenden Francismus zunächst eine Möglichkeit, den Provinzialismus zu überwinden und Weltoffenheit zu propagieren. Später distanzierte er sich in Aufsätzen, die er unter dem Pseudonym »Dhey« schrieb, von der Bewegung, weil sie ihm zu starr und humorlos erschien. »Kann jemand auf der Seite der Falangisten sein, der ein ironischer Geist ist?« fragte er und fügte hinzu: »Ich kann nicht die schöne Blindheit eines 18jährigen haben.«

Während Llorenç Villalonga zwischen den politischen Gegnern lavierte und damit bis heute Stoff für literaturwissenschaftliche Dispute bietet, verhielt es sich mit seinem Bruder Miquel Villalonga, der eine militärische Laufbahn eingeschlagen hatte, eindeutiger: Er wurde zu Beginn des Bürgerkriegs zum Chef des Presse- und Propagandaministeriums ernannt.

Das Viertel, in dem Villalonga lebte, ist der älteste Teil der Stadt. Viele Gebäude stammen noch aus der arabischen Zeit. Durch die engen Gassen führt uns der Weg zur Plaça Sant Francesc mit dem gleichnamigen Kloster und der Kirche.

❻ Kloster und Kirche Sant Francesc

Geehrt wird mit dem 1487 in der Kirche Sant Francesc von Guillermo Sagrera errichteten Grabmal des Ramon Llull sowohl der Gelehrte – ein Podest aus Alabaster stellt die sieben Säulen der Weisheit dar: Rhetorik, Grammatik, Logik, Arithmetik, Geometrie, Astronomie, Musik – als auch der Mystiker. Die Grabinschrift »Hier ruht der Freund. Er starb für den Geliebten und aus Liebe« nimmt Bezug auf das *Llibre d'Amic e Amat* (dt. *Das Buch vom Freunde und vom Geliebten*), eine Sammlung kontemplativer Gedichte, die zur mystischen Versenkung in Gott anregen sollen. »Mit den Augen des Gedenkens, mit Sehnsucht, / mit Seufzern und Tränen betrachtete der Freund / seinen Geliebten. Und der Geliebte / sah auf den Freund mit Augen der Gnade, / Gerechtigkeit, Barmherzigkeit, des Mitleids / und der Großmut. Und der Vogel besang / beider beglückendes Schauen.«

Der spätgotische Kreuzgang des Klosters mit seinen Kapitellen und zierlichen Spitzbögen entzückte Albert Camus (1913–1960), dessen Mutter Mallorquinerin war und der sich verschiedentlich auf der Insel aufhielt. 1935 notierte er in sein Tagebuch: »Ich verbrachte lange Stunden in dem kleinen gotischen Kloster San Francisco. Der kostbare feingliedrige Säulengang hat jenes wunderbare Goldgelb alter spanischer Bauwerke. Im Innenhof rosafarbener Lorbeer und wuchernde Pﬀersträucher und ein schmiedeeiserner Ziehbrunnen, an dem ein Schöpflöffel aus oxydiertem Kupfer hängt. Die Leute blieben stehen, um

Der junge Albert Camus

Die Carrer Colóm und die Carrer Jaume II.

zu trinken. Manchmal erinnere ich noch den hellen Klang, den der Löffel macht, wenn er innen auf den Boden der Zisterne zurückfällt... Jeder Tag fern von diesem Kloster erschien mir wie mir selbst entrissen, eingeschrieben durch einen kurzen Moment in der Dauer der Welt.«

Weiter führt uns der Weg durch die C/ Convent de Sant Francesc und über die Plaça Santa Eulalia zur Plaça de Cort mit dem Rathaus der Stadt, die C/ Colóm entlang zur Plaça Major, dem zentralen Platz Palmas, den wir überqueren, um in die C/ Sant Miquel zu gelangen. Am Anfang auf der linken Seite befindet sich die

❼ Casa Fundació
Juan March
C/ Sant Miquel, 11

Diese einstige Stadtvilla Juan Marchs ist seit 1990 Sitz der noch zu Lebzeiten des Financiers gegründeten Stiftung. Der aus arabischer Zeit stammende Stadtpalast wurde 1916 von dem mallorquinischen Architekten Guillem Reyenes im mallorquinischen Regionalstil zu einem repräsentativen Bürgerhaus umgebaut. Es beherbergt heute das Museu d'Art Espanyol Contemporani und Räume für Lesungen, Konzerte, Kongresse und wechselnde Ausstellungen.

In der C/ Sant Miquel, heute eine der belebtesten und exklusivsten Geschäftsstraßen der Stadt, gab es bis in die fünfziger Jahre ein bescheidenes Hotel, das Continental.

❾ Ehemaliges Hotel Continental C/ Sant Miquel

Hier wohnte der 1899 in Buenos Aires geborene Schriftsteller Jorge Luis Borges (1899–1986) während eines knapp einjährigen Aufenthalts auf der Insel von April 1920 bis Februar 1921 mit seiner Mutter und Schwester Nora. Er war gerade zwanzig, als er im Rahmen einer ersten ausgedehnten Europareise, der weitere folgen sollten, auch auf Mallorca Station machte. »Wir gingen nach Mallorca, weil es billig und schön war und es außer uns kaum Touristen gab.« Borges blieb länger als ursprünglich geplant und lebte abwechselnd in Palma

Jorge Luis Borges (li.) mit seiner Schwester Nora (2. von re.), Dr. Giménez (re.), Angela Marqués und »Chu« (sitzend), umgeben von einigen Kindern, in Valldemossa

und Valldemossa im Haus der Familie Sureda (vgl. S. 109 f.).

Mallorca schien ihm der geeignete Ort, seine Lateinstudien fortzusetzen und Vergil zu lesen, »unter Anleitung eines Priesters, der mir sagte, daß das, was seinem Geiste angeboren sei, seinen Bedürfnissen genüge, er nie versucht gewesen wäre, einen Roman zu lesen«. Der jugendliche Borges überraschte die Mallorquiner mit seinen ausdauernden Schwimmkünsten, die er in »schnellen Flüssen« wie dem Uruguay und der Rhône gelernt hatte, »während die Mallorquiner nur an das ruhige flutlose Meer gewohnt waren«. Die Resonanz, die der noch junge und im öffentlichen Auftreten unerfahrene Dichter im Kreise seiner mallorquinischen Dichterkollegen erfuhr, war groß. Sie verehrten und bewunderten seine Gelehrsamkeit und Weltläufigkeit, denn im Gegensatz zu ihnen war er bereits mit den wichtigsten Strömungen der europäischen Avantgarde vertraut und gerade dabei, sich aus Expressionismus, Dadaismus, Futurismus und Fauvismus ein neues, allein für ihn gültiges ästhetisches Konglomerat zu kreieren, den »Ultraismus«. Mit den jungen mallorquinischen Literaten und Künstlern – unter ihnen Jacobo Sureda, Miquel Angel Colomar und Gabriel Alomar –, mit denen er sich im Café de los Artistas am Borne zu anregenden Gesprächen traf, verfaßte er ein *Ultraistisches Manifest*, das in der Zeitung *Baleares* veröffentlicht wurde. Ebendort erschien am 30. Januar 1921 auch sein Gedicht *Catedral*, eine formal eigenwillige Huldigung der Kathedrale von Palma.

La Catedral. Zeichnung von Miquel Angel Colomar, in der er auf eine Zeile in Borges' Gedicht *Catedral* Bezug nimmt: »Die Kathedrale. Wie ein Flugzeug aus monströsen Blöcken, das sich aus den Verankerungen reißt...«

Seine literarhistorische Würdigung erfuhr Jorge Luis Borges' früher Aufenthalt auf Mallorca erst viele Jahre später, nachdem der Autor international bekannt und geehrt war. So ließ es sich die Stadt Palma nicht nehmen, Borges 1980, nachdem ihm in Madrid der *Premio de Cervantes* überreicht worden war, noch einmal nach Mallorca einzuladen. Mit seiner jungen Frau Maria Kodana, die er erst in hohem Alter geheiratet hatte, besuchte der hochbetagte Dichter noch einmal alle die Orte, die er von seinem ersten Aufenthalt her kannte.

Wir gehen ein Stückchen zurück und nehmen eine der engen Gassen über die Treppen hinunter in Richtung Plaça Weyler. Am Ende der Treppe befindet sich auf der rechten Seite das älteste und renommierteste Theater Mallorcas, das

❾ Teatro Principal
C/ Riera

Hinter der eher schlichten neoklassizistischen Fassade des direkt in der Straßenkurve gelegenen Hauses verbirgt sich eines der prächtigsten Opernhäuser Europas, eine Komposition aus Samt und Brokat, Ornament und Dekor. Die pastellfarbenen Deckenge-

Jorge Luis Borges mit seiner Frau Maria Kodana, Palma, 1980

30

Das Teatro Principal. Postkarte von 1915

mälde kontrastieren mit den üppig vergoldeten Proszeniumslogen. Das mild schimmernde Licht grazil geschwungener Lampen läßt eine intime Atmosphäre entstehen, obwohl das Theater 800 Zuschauern Platz bietet. 1857 wurde das Haus mit einer Rossini-Oper von Königin Isabella eingeweiht. Acht Monate später wurde es Opfer einer Feuersbrunst – eine fatale Koinzidenz mit dem Teatre del Liceu in Barcelona, dem das Teatro Principal in vielerlei Hinsicht ähnelt und das fast zur selben Zeit abbrannte –, doch schon 1860 wurde es wiedereröffnet, ausgestattet mit einer für die damalige Zeit äußerst fortschrittlichen Bühnentechnik.

Auf dem Programm standen Opern, Singspiele und *zarzuelas*, die typisch spanischen, der leichten Muse zuzu-

rechnenden musikalischen Bühnenstücke, eine Mischung aus Vaudeville, Schwank und Operette. In den zwanziger Jahren veranstalteten die Dichter und Künstler um Miquel Angel Colomar hier ihre *jocs florals*, Blumenspiele. In der Franco-Zeit wurde das Principal zwischenzeitlich als Kino zweckentfremdet. Seit 1977 ist es wieder als Theater- und Opernhaus, wenn auch nicht mit einem eigenen Ensemble, in Betrieb. Man sollte sich eine Vorstellung, die hier meist um 22 Uhr beginnt, nicht entgehen lassen.

Wir gehen die C/ de l'Unio in Richtung Plaça Rei Joan Carles I. und treffen rechts auf das ehemalige Gran Hotel.

31

Das Gran Hotel zu Beginn des 20. Jahrhunderts

❿ Gran Hotel
Fundació »La Caixa«
Plaça Weyler, 3
Nach einer originalgetreuen, allen Regeln des Denkmalschutzes Rechnung tragenden Restaurierung wurde das Gran Hotel 1998 unter der Trägerschaft der Fundació »La Caixa«, einer unserer Sparkasse vergleichbaren Bank, neu eröffnet und ist inzwischen ein vielbesuchtes Kulturzentrum. Hier werden Ausstellungen, Konzerte, Tagungen und Seminare veranstaltet.

Das 1903 eröffnete Hotel wurde von dem katalanischen Architekten Luis Domenech i Muntaner entworfen, einem Zeitgenossen Antonio Gaudís und wie dieser einer der großen Vertreter des katalanischen Modernismo, der spanischen Variante des Jugendstils, der sich vom mallorquinischen Regionalstil durch Leichtigkeit und Eleganz der Ornamentik abhebt. Der mallorquinische Maler und Schriftsteller Santiago Rusiñol gestaltete zusammen mit seinem Freund, dem Maler Gabriel Mir, viele der noch erhaltenen oder sorgfältig rekonstruierten Wandmalereien des Gran Hotel. Im Laufe der Zeit sind hier viele prominente Gäste abgestiegen, wie z. B. 1936 Winston Churchill.

Ein Stück weiter unten befindet sich auf derselben Seite der C/ de l'Unio der älteste Kulturverein der Stadt.

⓫ Casa Balaguer
Circulo de Bellas Artes
C/ de l'Unio, 3

Die Casa Balaguer, ein im 17. Jahrhundert erbautes repräsentatives Stadtpalais mit dem typischen kopfsteingepflasterten *Patio*, von dem ursprünglich die Pferdeställe abgingen, ist benannt nach seinem letzten privaten Besitzer, José Balaguer Vallés, Musiker und Gründer des Sinfonieorchesters von Mallorca, der das Haus 1951 der Stadtverwaltung überließ. Seit 1966 residiert hier der Circulo de Bellas Artes, eine aus Künstlern und Dichtern bestehende Vereinigung, die sich, zunächst unter dem Namen Circulo Mallorquin, 1940 neu konstituierte und heute der älteste Kulturverein der Stadt ist. Auch hier finden Ausstellungen und kulturelle Veranstaltungen statt, wenn auch die eher

Oben: El Circulo Mallorquin um die Jahrhundertwende
Unten: Die Plaça Weyler

düstere, klaustrophobische Atmosphäre in den oberen Stockwerken noch heute daran erinnert, daß diese Institution ursprünglich aus der Franco-Zeit stammt.

Wir gehen nun die C/ de l'Unio weiter hinunter zur

⑫ Plaça Rei Joan Carles I.

Früher waren hier und entlang dem sich anschließenden Borne die beliebtesten Bars, in denen Dichter, Künstler, Bohemiens und alle, die sich dafür hielten, *tertulias*, Gesprächsrunden, abhielten.

Santiago Rusiñol und Gabriel Mir z. B. verbrachten während ihrer Arbeit am Gran Hotel regelmäßig ihre Mittagspausen in der an diesem Platz gelegenen Bar Ca'n Tomeu, die vor allem ein Stammlokal der mallorquinischen Künstler war. In der ebenfalls an der Plaça Rei Joan Carles I. gelegenen Bar Riscal hielt Llorenç Villalonga seine *tertulias literarias* ab, während Borges das Café de los Artistas bevorzugte.

Von den vielen Bars und Cafés existiert heute nur noch die Bar Bosch, die sich wegen ihrer zentralen Lage und ihres traditionellen Renommees großer Beliebtheit bei Touristen, Residenten und Geschäftsleuten erfreut. *Tertulias* finden hier allerdings schon längst nicht mehr statt.

Der daneben liegende Laden, heute eine Parfümerie, beherbergte bis in die fünfziger Jahre die Casa de los Libros, eine kombinierte Bibliothek und Buchhandlung, in der man je nach Bedarf Bücher lesen, leihen oder kaufen konnte. Bar und Bibliothek waren

Der Passeig des Born in den zwanziger Jahren,

durch ein kleines Fenster miteinander verbunden, durch das den Kaffee trinkenden Lesern die gewünschten Bücher gereicht wurden.

In der Mitte der Plaça Rei Joan Carles I. steht der bei Palmesen beliebte Springbrunnen, der Fuente de la Princesa, errichtet zur Erinnerung an den Besuch Isabellas von Asturien. Er wird auch Schildkrötenbrunnen genannt wegen der vier steinernen Schildkröten, die auf ihren Panzern einen riesigen Obelisken tragen.

von der Plaça Rei Joan Carles I. aus gesehen

⓭ Passeig des Born

Zwischen der Plaça Rei Joan Carles I. und der Plaça de la Reina verläuft die schönste Allee der Stadt, der Passeig des Born, meist lakonisch *El Borne* genannt, dessen breiter, elegant gekachelter und mit Steinbänken und alten schattenspendenden Platanen ausgestatteter Mittelstreifen, bewacht von je zwei steinernen Sphinxen an seinem Eingang und Ausgang, zum Flanieren auch an heißen Sommernachmittagen einlädt.

»Augapfel der Insel« nannte Santiago Rusiñol den Borne, der zu allen Zeiten viel bedichtet und besungen, gezeichnet und gemalt wurde. Eine der idyllischsten Beschreibungen einer Spazierfahrt auf dem Borne stammt von Erzherzog Ludwig Salvator (vgl. S. 91 ff.): »Im Sommer fahren am Sonntag abends am Paseo des Borne die Wagen im Schritt umher; die in Mantillas gehüllten Damen sitzen meist in Omnibussen oder Galeritas, manchmal aber auch in mit Maultie-

ren oder Pferden bespannten Kale-
schen. Einige Maultiere fallen durch
ihre graziösen Formen auf... Bei sol-
chen Fahrten verweilt man bisweilen
eine kurze Zeit auf der Promenade
und hört den Musikanten zu, für welche links eine hölzerne Estrade aufge-
baut ist.«
Musikanten gibt es zwar heute kaum
noch, aber zum Verweilen laden die
auf der rechten Seite des Borne gelegenen Cafés, das schönste von ihnen
im Palau Solleric, zum Abschluß des
Rundgangs ein.

Albert Vigoleis Thelen
mit seiner Frau Beatrice
in Palma, etwa 1934

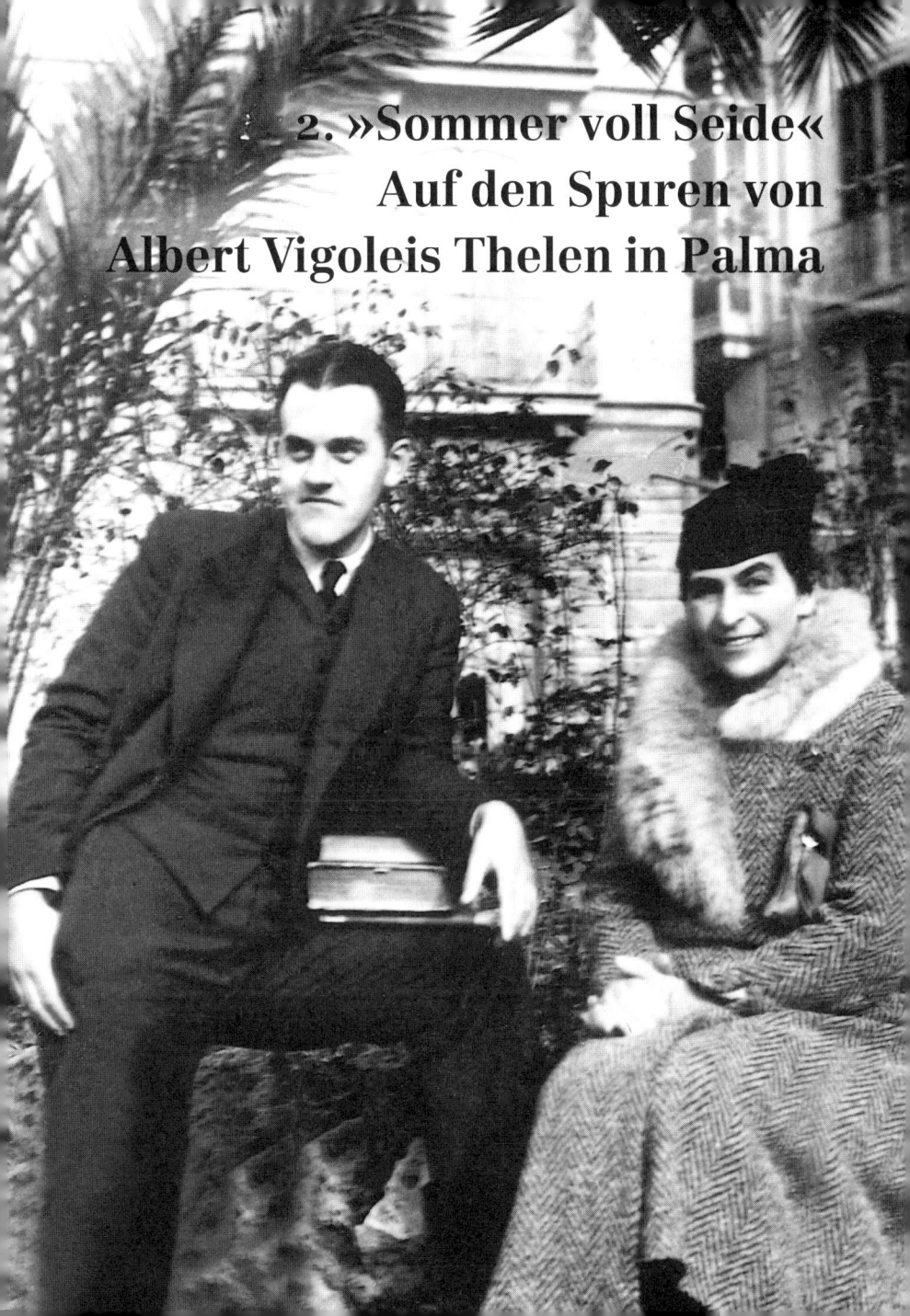

2. »Sommer voll Seide«
Auf den Spuren von Albert Vigoleis Thelen in Palma

Der zweite Spaziergang beginnt am Port de Pescador, dem heutigen Fischerhafen, führt durch den nordwestlichen Teil der Stadt und endet, den Spuren Albert Vigoleis Thelens folgend, wie er es in seinem Roman »Die Insel des zweiten Gesichts« beschrieben hat, im Norden, in einer Gegend, die in den dreißiger Jahren noch nicht zum Stadtgebiet gehörte.

❶ Port de Pescador

Im ältesten Teil des Hafens legte am 8. November 1838 gegen 12 Uhr der aus Barcelona kommende Dampfer »El Mallorquin« an, der George Sand (1804–1876) und Frédéric Chopin (1810–1849) mit den beiden Kindern Maurice und Solange aus George Sands Ehe mit dem Baron Dudevant nach Mallorca brachte. Zu den weiteren Stationen des Paars vgl. S. 40 ff. und 103 ff.

Gegenüber dem Port de Pescador, auf dem Mittelstreifen zwischen Av. Gabriel Roca und Passeig de Sagrera, steht das Denkmal für Rubén Darío.

❷ Denkmal für Rubén Darío Passeig de Sagrera

Der nicaraguanische Dichter Rubén Darío (1867–1916) hielt sich zweimal – 1906/07 und 1913 – auf Mallorca auf. Er machte die mallorquinischen Poeten der *Escuela Mallorquina* mit dem literarischen Modernismo bekannt und gilt als Wegbereiter der

Der Dampfer »El Mallorquin«, mit dem Frédéric Chopin und George Sand am 8. November 1838 im Hafen von Palma ankamen.

Moderne in der mallorquinischen Literatur. In Valldemossa, wo er die meiste Zeit seines Aufenthalts verbrachte, werden wir ihm ein zweites Mal begegnen (vgl. S. 108 f.).
Wenn wir den Passeig de Sagrera einige Meter weitergehen, treffen wir linker Hand auf die Börse.

❸ La Llotja
Passeig de Sagrera
Dieser im 16. Jahrhundert von dem mallorquinischen Architekten und Bildhauer Guillermo Sagrera zur Verherrlichung des Kaufmannsstandes errichtete Prachtbau, der von außen wie eine Kathedrale aussieht, gilt als Meisterwerk weltlicher spanischer Gotik. Die Llotja wird heute für wechselnde Ausstellungen alter und zeitgenössischer Kunst genutzt. Mirós heiter verspielte Zeichnungen und archaisch skurrile Skulpturen kommen hier ebensogut zur Geltung wie Antoni Tapiés' urwüchsige, geheimnisvoll »gemauerte« Strukturkompositionen, um nur zwei Ausstellungen von vielen zu nennen.
Die kleine Straße, die parallel zum Passeig de Sagrera hinter der Llotja entlangführt, ist die C/ Marina.

❹ Ehemalige Familienpension
Erste Unterkunft von
Frédéric Chopin und
George Sand
C/ Marina
In einer kleinen Familienpension in der C/ Marina fanden Frédéric Chopin, George Sand und die beiden Kinder Maurice und Solange nach ihrer Ankunft auf Mallorca eine Bleibe für die ersten sechs Tage. Danach begaben sie sich in das nahe dem Dorf Establi-

La Llotja, die Börse von Palma. Historische Aufnahme

Anfang der Carrer Marina, wo Frédéric Chopin und George Sand nach ihrer Ankunft 1838 zuerst wohnten. Alte Postkarte

ments gelegene Landhaus Son Vent, um schließlich an den Ort zu ziehen, mit dem sie in der Kulturgeschichte der Insel für alle Zeit verbunden sein werden, die Kartause von Valldemossa.

George Sand und Chopin hatten sich ein Jahr zuvor in einem Pariser Salon kennengelernt, in dem Chopin ein geschätzter Pianist war. Er erhoffte sich von einem Aufenthalt in Mallorca eine Genesung von seiner Schwindsucht. George Sand gefiel es, sich für eine Weile dem Pariser Klatsch zu entziehen. Außerdem bedurfte auch der stets kränkelnde Maurice dringend einer Luftveränderung.

In den ersten Tagen ihres Aufenthalts präsentierte sich die Insel in einem so strahlenden Licht und milden Winterwetter, daß Chopin euphorisch reagierte. »Mein Lieber«, schrieb er an seinen Freund Julian Fontana in Pa-

ris, »ich bin unter Palmen, Zedern, Kakteen, Oliven, Orangen, Zitronen, Aloen, Feigen, Granaten usw. Was immer der Jardin de Plantes in seinen Öfen hat. Der Himmel ist wie Türkis, das Meer wie Azur, die Berge wie Smaragde, die Luft wie der Himmel. Am Tage herrscht Sonne, alle gehen sommerlich gekleidet, und es ist heiß; in der Nacht hört man stundenlang Gitarren und Gesang. Riesige Balkone mit Weintrauben über dem Kopf; mauretanische Gemäuer. Mit einem Wort, ein wundervolles Leben!« Nachdem er den Freund gebeten hat, dafür zu sorgen, daß sein »Pleyel«, sein Flügel, »möglichst bald expediert« wird, schließt er im Begeisterungstaumel: »O mein Freund, ich lebe auf! Ich bin in der Nähe des Schönsten, was die Welt zu bieten vermag.«

Aber diese überschwengliche Stimmung hielt nicht lange an. Bald wurde es regnerisch und kalt, und in der Finca Son Vent, die die vier Reisenden nach sechs Tagen bezogen, pfiff der Wind durch die Ritzen der Natursteinwände. Nachdem bekannt geworden war, daß Chopin an Schwindsucht litt, wurden sie zudem regelrecht aus diesem Haus hinausgeworfen. In Valldemossa werden wir ihnen wieder begegnen (vgl. S. 103 ff.).

Wir begeben uns nun durch die C/ Sant Joan in die C/ Apuntadors.

❺ Ehemalige Pension del Conde Zweite Unterkunft von Albert Vigoleis Thelen und Beatrice Thelen C/ Apuntadors, 38

In der Pension del Conde, die früher im Haus Nr. 38 untergebracht war, mieteten Albert Vigoleis und Beatrice Thelen ein Zimmer, nachdem es ihnen in Zwinglis Wohnung zu eng und aufgrund der heftigen Auseinandersetzungen zwischen Zwingli und seiner temperamentvollen Geliebten zu turbulent geworden war (vgl. S. 22 ff.). Der Conde, Besitzer des Hotels, regte Thelens Phantasie in vieler Hinsicht an. Mal nennt er ihn »unser anarchisierender Herbergsvater und Volksfreund«, ein anderes Mal einen »Herbergsaristokraten«. Gläubig scheint er gewesen zu sein, denn den Betten gegenüber, wo gemeinhin die Hausordnung zu hängen pflegt, waren zwei hölzerne Tafeln angebracht, auf denen die Zehn Gebote eingebrannt waren, »ein Bastelwerk des halb katholischen, halb aristokratischen Herbergsvaters«: »Einmal klingeln fürs Früh-

Albert Vigoleis Thelen auf dem Castell de Bellver, im August 1935

stück, zweimal fürs Zimmermädchen, dreimal fürs Beschwerdebuch. Die Zehn Gebote Gottes sind nicht weniger bekannt, so daß wir wissen, was der Brennstift an neunter Stelle lapidar verkündete: Du sollst nicht begehren deines Nächsten Weib!«

Wie viele der in der Altstadt Palmas errichteten Stadthäuser wies auch dieses erhebliche Spuren des Verfalls auf: »Ein Bogen des Innenhofes war geborsten und mußte durch Balken und eiserne Zwingen vor dem Einsturz gesichert werden.« Auch die Freitreppe und die Galerie, die zum Eingang des *piso principal*, des Hauptgeschosses, führte, befand sich in einem äußerst baufälligen Zustand. »Alles muß hier unterpölzt werden, um den Zusammenbruch noch so lange aufzuhalten, bis der betriebsame Anarchist eine genügende Menge seiner hausbackenen Bomben und Höllenmaschinen beisammen hätte, die ganze Inselwelt, also die Welt, in die Luft zu sprengen.« Neben Doña Ines, dem ungezogenen Beppo, dem Laufburschen Pepe und anderen, die aufs lebhafteste geschildert werden, wohnte in der Pension del Conde auch die Wiener Hofschauspielerin Adele Gerstenberg mit ihrem Sohn, die Thelen und seine Frau regelrecht ins Herz geschlossen hatte. Deshalb lud sie die beiden, als sie das Geld für die Miete nicht mehr aufbringen konnten und sich deshalb eine andere Bleibe suchen mußten (vgl. S. 48 f.), ein, sie auch weiterhin zu besuchen. Als Entschädigung dafür, daß sie sich als Publikum zur Verfügung stellten, wenn die gealterte Schauspielerin aus dem einzigen von ihr verfaßten Drama vorlas, kredenzte sie dem stets am Existenzminimum lebenden Paar köstliche Mahlzeiten.

Die C/ Apuntadors stößt an ihrem Ende auf die C/ del Vi, früher C/ General Barceló, in die wir rechts einbiegen.

❻ Die erste eigene Wohnung von Albert Vigoleis Thelen und Beatrice Thelen C/ del Vi, 11

Nicht nur der Straßenname, auch die Hausnummer hat sich geändert. Im Haus Nr. 11, früher Nr. 23, gegenüber dem Convento de los Teatinos, bezogen Albert Vigoleis und Beatrice Thelen in der Mitte des Jahres 1933 nach vielen wechselnden Unterkünften ihre erste eigene Wohnung auf Mallorca. »Erst durch unseren Einzug in die Nr. 23 auf der Straße des Piratengenerals festigte sich unser Dasein, und ein verbissener Kampf um das tägliche Brot setzt ein.« Beatrice gab Sprachunterricht, Albert Vigoleis arbeitete als Fremdenführer für »teutonische Touristen«, die er durch Palma und

Das Haus C/ General Barceló, 23, heute C/ del Vi, 11 (Bildmitte), in dem Albert Vigoleis Thelen und Beatrice Thelen von 1932 bis 1936 lebten.

über die Insel begleitete. Gelegentlich, wenn ihm Detailkenntnisse fehlten, erfand er Geschichten, um die Sensationslust der Touristen zu befriedigen. Obwohl sein Argwohn gegenüber diesen Urlaubern groß war, kamen sie doch aus dem Land, dem er aus guten Gründen den Rücken gekehrt hatte. Und nie war er sich sicher, wie viele von ihnen den Vigoleisschen Doppelsinn erfaßten, der in der zur Untermauerung seiner Autorität – und nicht nur dazu – vorgetragenen Beschwörungsformel mitklang: »Der Führer weiß alles.«

Auch als Privatlehrer verdingte sich Thelen. Der junge Amerikaner, der ihn aufsucht, um sich von ihm in die Grundlagen der deutschen Philosophie einführen zu lassen, staunt nicht schlecht über die karge Einrichtung der Wohnung. Plausibel erscheint ihm indessen das »Einstuhl-System« als Lehrmethode der Zukunft, in das ihn sein Lehrer in sophistischer Beredsamkeit überzeugend einzuführen weiß. »Fieber hatte ihn ergriffen, er rauchte in hastigen Zügen und streifte die Asche seiner Zigarette in den Umschlag der feinen Tuchhose. Den Höhepunkt aber erreichte seine hektische Begeisterung, die er durch Aufspringen von der einzigen Sitzgelegenheit des nach ihr benannten Systems noch unterstrich, als ich, selbst gefesselt vom Schwung meines Unfugs und schon im Begriffe, etwas Wahres im Quatsch zu wittern und an die Parthenogenesis meines ökologischen Systems zu glauben, zum großen Schlag ausholte: ich zitierte die weisen Peripatetiker aus den Wandelgängen des hellenischen Lykeions in die traurige Emigrantenstube auf die Barceló.«

Die drei Verkäufer aus der Deutschen Buchhandlung am Borne klären den Studiosus schließlich über Don Vigoleis auf. Er sei »eine vielfältig verkrachte Existenz, den man nicht gleich einen Schwindler heißen wolle«, dem es »saudreckig« gehe und dem es bald noch schlimmer gehen könnte, »wenn er sich nicht baldigst zu seinem Führer bekenne. Doch gebe es zum Glück noch Mittel, auch einen Auslandsdeutschen zur vaterländischen Pflicht zurückzurufen.«

Die Töne drohenden Unheils sind schon deutlich vernehmbar. Das Jahr 1933 markierte einen Einschnitt in Thelens Mallorca-Aufenthalt, weil er sich nicht scheute, jüdischen Emigranten zu helfen und Hitler und Konsorten öffentlich lächerlich zu machen. Unter dem Verdacht, antifaschistische Schriften zu verbreiten, wird er im Auftrag des Konsuls beschattet, unter anderem von den »Deutschmännern« der Deutschen Buchhandlung am Borne.

Wir gehen die C/ del Vi bis zum Ende, biegen links in die C/ San Feliu und wieder links in die C/ San Llorenç und kommen zum Haus Nr. 20.

❼ Geburtshaus von Bartomeu Rosselló-Pòrcel
C/ San Llorenç, 20

Eine Messingtafel erinnert daran, daß hier 1913 der mallorquinische Schriftsteller Bartomeu Rosselló-Pòrcel (1913–1938) geboren wurde. Die Tafel wurde 1998, im Jahr seines 60. To-

**Bartomeu Rosselló-Pòrcel,
Barcelona, 1935**

destags, angebracht, als man sich des inzwischen über die Grenzen Mallorcas hinaus bekannten Dichters erinnerte, der nicht nur durch seinen frühen Tod zu einer Kultfigur der katalanischen Literatur geworden ist. Wie keinem anderen ist es ihm gelungen, Elemente des Modernismo, des Surrealismus und der Volksdichtung miteinander zu verbinden. Er war volkstümlich und avantgardistisch zugleich. Trotz einer engen Bindung an seine Heimatinsel gelang es Bartomeu Rosselló-Pòrcel, sich künstlerisch von dem Vorbild der Mallorquinischen Dichterschule zu befreien. Als er 1938 im Alter von 25 Jahren an Tuberkulose starb, hinterließ er mehrere Gedichtsammlungen, die sich bis heute wachsender Popularität erfreuen. Darin finden sich Gedichte mit gesellschaftskritischen Inhalten ebenso wie Natur- und Landschaftsgedichte, in denen Farben, Formen und Sinneseindrücke

poetisch verdichtet werden und die von raffinierter Einfachheit und Modernität sind:

Nelke und Geranie
schlagen mit Samt aus
den Purpur der Rosen. Ein Kuß
für den jungen Mittag.

Der Sommer voll Seide,
er reicht seine Krone
der Pracht dieses Raums. Es
brechen auf
das Salz, der Fels, die Bronze.

Majestätische Böen
reißen ihn auf, drängen ihn ab...
Und im Garten
töten sie ihn mit Gerüchen.

Blaue Düfte, rosa
Zweige, Malven – fallen. Zurück
kehrt der Karren. Er trägt
Granatäpfel, Trauben.

Und die Nacht rührt dich an,
feucht und bitter.
Tot, umringt von Kräutern,
lachst du
den nackten Beinen zu.

Wir überqueren nun das ausgetrocknete Flußbett und die vielbefahrene Av. de l'Argentina und begeben uns durch die C/ Dameto Servet zur Plaça de la Navegació.

❽ Geburtshaus von Miquel Angel Colomar Plaça de la Navegació

An diesem Platz befindet sich das Geburtshaus von Miquel Angel Colomar (1903–1970), das allerdings nicht genau lokalisiert werden konnte. Als Freigeist, Künstler, Literat, Galerist und Journalist hat er im kulturellen Leben der Insel in den zwanziger und dreißiger Jahren eine zentrale Rolle eingenommen. Mit den zeitgenössischen europäischen Kunstauffassungen war er wohl vertraut. Er arrangierte gemeinsam mit Arthur Segal eine Ausstellung dadaistischer Künstler des Zürcher »Cabaret Voltaire« im Circulo Mallorquin. Auf der anderen Seite organisierte er eine Ausstellung von 24 Mallorquiner Künstlern in Buenos Aires. Seine Artikel und Erzählungen erschienen in diversen Zeitschriften. Er gehörte zu den Mitverfassern des *Ultraistischen Manifests* von Jorge Luis Borges (vgl. S. 29 f.) und nahm als zeitweiliger Assistent von Hermann Keyserling (vgl. S. 74 ff.) an dessen philosophischen Gesprächsrunden teil. Als Redakteur der Tageszeitung *El Dia* war er mehrere Jahre Sprecher des Presseverbands. Das alles endete schlagartig mit Beginn des Bürgerkriegs. Miquel Angel Colomar mußte sich von allen publizistischen Aufgaben zurückziehen, wurde kurzfristig verhaftet und tauchte dann unter. In den vierziger Jahren verdingte er sich als Bauer, Hilfsarbeiter, Pförtner und Laufbursche. 1949 entstand sein Roman *Polly quiere una galleta* (»Polly möchte einen Keks«). Erst in den letzten Jahren seines Lebens spiel-

Miquel Angel Colomar

te er wieder seine alte Rolle im öffentlichen kulturellen Leben der Stadt, ein »Schalk im Nacken der mallorquinischen Kunstszene«, wie Miquel Angel Colomar anläßlich einer Ausstellung in Sa Nostra genannt wurde.

Wir verlassen den Platz, nicht ohne einen Blick in die kleine, pittoreske Markthalle Santa Catalina geworfen und sich vielleicht mit Früchten, »Galletas« oder einer der anderen Delikatessen für den weiteren Weg gewappnet zu haben, die hier jeden Vormittag angeboten werden. Danach gehen wir zurück zur Av. de l'Argentina und fahren mit Bus A 16, Taxi oder dem eigenen Leihwagen entlang der sog. Ronda zur Carretera 31 de Desembre und weiter in die C/ Arxiduc Lluís Salvador.

❾ Die letzte Wohnung von Albert Vigoleis Thelen und Beatrice Thelen C/ Arxiduc Lluís Salvador, 9, 11 oder 13

In dieser Straße in Höhe der Hausnummern 9, 11 oder 13 stand das Haus, in dem Albert Vigoleis und Beatrice Thelen im Sommer 1936 eine kleine Wohnung im sechsten Stockwerk bezogen, kurz bevor sie die Insel auf immer verließen. Das Haus war gerade fertiggestellt worden: »Der Anstrich klebte noch, als wir mieteten; Trockenwohner waren wir aber nicht. Der Piso hatte ein Bad, eine eingebaute Musterküche, einen Dachgarten mit Blick aufs Meer.«

Nachdem die Wohnung in der C/ General Barceló (vgl. S. 43 f.), in der sie schon einige Zeit beschattet worden waren, von der Guardia Civil aufgebrochen und durchsucht worden war, sahen sie sich gezwungen, noch einmal eine neue Bleibe zu suchen. Um so größer war Thelens Entsetzen, als er entdeckte, daß sich auf der gegenüberliegenden Straßenseite ihrer neuen Wohnung das Hauptquartier der Blauhemden, der Falange, befand. »Für eine Sekunde ging mir der Boden meiner weißen Leinenhose mit Grundeis, bei 40 Grad im Schatten des Heiligen Orlogs; aber ich faßte mich schnell und schritt würdig ins Haus.« Oben angekommen, stürzt ihm die Nachbarin voller Aufregung entgegen und ermahnt ihn, sofort alle Fensterläden nach der Straße hin zu öffnen, da geschlossene Läden wegen der »Frakireurgefahr« suspekt seien und nicht geduldet würden. Sie selbst als Gat-

tin eines hohen Falangeoffiziers habe dem Chef der Falange gesagt, daß die Etage von einem Deutschen bewohnt werde, der sich zur Erholung irgendwo in den Bergen befinde, und sie habe die Garantie für die Sicherheit des Hauses übernommen. Aber um zwölf sei der Termin abgelaufen. Wenn bis dahin nicht alle Läden offenstünden, würde hineingeschossen.

»Es fehlten noch wenige Minuten. Ich flog in die Wohnung, an die Fenster und stieß die Schlagläden zurück. Im Blauen Hause gegenüber hatte man gerade ein Maschinengewehr im höchsten Stockwerk montiert. Diese Pünktlichkeit, das wollte mir nicht gefallen. Ein Spanier, der heute schießt und nicht morgen – eine faule Sache! Ich salutierte hinüber, die Jungen salutierten zurück; es war wie auf Schiffen, die sich begegnen. Ich packte ein paar Bücher, nahm das begonnene Manuskript meiner Hieronymus-Übersetzung, um in Génova weiter zu arbeiten, heftete eine meiner Padischah-Karten an die Tür, schloß viermal ab, klebte Wachsklümpchen hier und da zur Kontrolle und verließ die unheimliche Nachbarschaft.«

Bei der *Hieronymus*-Übersetzung handelt es sich um eines der Werke des portugiesischen Dichters und Mystikers Teixeira de Pascoaes, auf den Thelen durch seinen Freund Jacobo Sureda aufmerksam gemacht worden war und von dem er zwei Werke, *Paulus* und *Hieronymus*, ins Deutsche und Holländische übersetzte.

Es zeigte sich, daß nun, in den Tagen des beginnenden Bürgerkriegs, auch für die Thelens die Lage äußerst brenzlig geworden war. Für kurze Zeit fanden sie Unterschlupf im Haus ihres Freundes, des Malers Jacobo Sureda in Génova (vgl. S. 66 ff.). Am 19. August 1936 verließen Albert Vigoleis und Beatrice Thelen Mallorca an Bord des englischen Zerstörers »Grenville« in Richtung Marseille.

»Man sah uns ungerne scheiden. Als Amateurverschwörer hatten wir uns die Achtung aller erworben. Für Aficionados haben die Spanier Sinn. In diesen Kreisen glaubte schon keiner mehr an ein schnelles Ende. An ein gutes: alle, bis auf die Priester«, schreibt Thelen über den Abschied von Mallorca, das er und seine Frau noch einmal, 1976, ein Jahr nach Francos Tod, für einige Wochen besuchten. In den Kriegsjahren lebten sie auf einem Weingut von Teixeira de Pascoaes in Portugal, später an verschiedenen Orten in der Schweiz. Erst am Ende ihres Lebens kehrten sie nach Deutschland zurück. Die letzten drei Jahre ihres Emigrantendaseins verbrachten Albert Vigoleis und Beatrice Thelen in einem Seniorenheim im niederrheinischen Dülken, wo Thelen 1989 starb.

❿ Stadtwohnung von Joan und Pilar Sureda C/ Arxiduc Lluís Salvador, 11, 13 oder 15

Im Nebenhaus wohnte das ursprünglich wohlhabende, Mitte der dreißiger Jahre aber verarmte Künstler- und Mäzenatenehepaar Joan Sureda Bined (1872–1947) und Pilar Muntaner (1876–1961). »Los Locos Sureda«, »die verrückten Suredas«, wurden sie von manchen genannt wegen der legendären Großzügigkeit und Gastfreundschaft, die sie in ihrem Haus in Valldemossa walten ließen (vgl. S. 109 f.). Zwei wohlhabende Bohemiens, sie eine anerkannte Malerin, er Schriftsteller, die trotz ihrer elf Kinder ausgedehnte Reisen unternahmen und das Leben in vollen Zügen genossen. Ihr großzügiger Lebenswandel aber führte sie schließlich in den Ruin. Am Ende ihres Lebens war Pilar Sureda, die ihren Mann um sechs Jahre überlebte, selbst auf die Hilfe fremder Wohltäter angewiesen. Im Gegensatz zu Thelen genoß Joan Sureda das Vertrauen der gegenüber ihrer Wohnung stationierten Falangisten, die sogar versuchten, ihn als geheimen Informanten in Sachen Georges Bernanos zu gewinnen.

Wir fahren nun durch die C/ Roselló y Cazador bis zu dem kleinen Platz, der Plaça de Abuyaha, wo wir in die C/ Francesc Suau einbiegen, in die Ausfallstraße nach Valldemossa.

⓫ Provisorische Unterkunft von Albert Vigoleis Thelen und Beatrice Thelen Plaça de Abuyaha

Die Plaça de Abuyaha spielt im zweiten Buch der *Insel des zweiten Gesichts* eine wichtige Rolle. Diese Gegend um den ehemaligen Schlachthof, den S'Escorxador, die in den dreißiger Jahren noch nicht zum urbanen Kern der Stadt gehörte und nur mit einigen kleinen, ländlichen Häusern bebaut war, wurde *torre de reloj* genannt, nach dem Turm, der zwar eine Uhr aufwies, die allerdings keinen Gong-schlag mehr von sich gab.

Hier bewohnten Albert Vigoleis und Beatrice Thelen für einige Monate ein einzelnes, schäbiges Zimmer in einer kleinen Bauernkate, nachdem sie die Miete in der Pension del Conde nicht mehr bezahlen konnten (vgl. S. 42 f.). Das Haus gehörte einem »mutzig-bunten Gesellen«, der »wortkarg in der Sprache seiner Nation, aber laut im Dialekt der Insel« war. Zu dem Gelände gehörten Kornscheuern, ein Lagerschuppen und verschiedene Stal-lungen. »Hundegebelfer, Ferkelge-quiek, Eselgeschrei und Hühnerge-stiebe« waren Tag und Nacht zu hören. Haus und Umgebung befan-den sich in einem arg maroden Zu-stand. Und nach Eintreten der Dun-kelheit wagte sich keiner mehr ins Freie: »Nicht viel fehlte und die Gei-ster hätten erscheinen können auf un-serer verwunschenen Hufe. Aber der Uhrturm blieb stumm wie die Ahn-frau, die auf ihrem Kruckstock einge-nickt war. Dafür surrte und schwirrte es durch die Luft, riesige Hirschhorn-käfer, die mit schräg erhobenem Zan-gengeweih über unsere Köpfe flogen. Leuchtkäfer blinkten auf, erloschen und blinkten wieder auf. Fledermäuse, wie Tauben so groß, taumelten aus dem Nichts herab, fingen sich wieder und verschwanden mit einem heise-ren Schrei. War die Luft über uns an-gefüllt mit dem, was fleucht, das Kreu-chende zu unsern Füßen fehlte keines-wegs, um des lieben Herrgotts fünftem Schöpfungstage auch auf diesem In-selfleckchen sein Recht widerfahren zu lassen.« Der vom nahegelegenen

Schlachthof herüberziehende Gestank stellte eine zusätzliche Beeinträchti-gung dar: »Es hätte nur noch nach Jasmin, Mandeln und Orangen duften müssen, und die romantische Süd-nacht unter einem ausgestirnten Him-mel wäre vollkommen gewesen. Aber der betäubende Ruch kam nicht aus verzückenden Blütenständen. Der Wind, der immer noch nicht richtig stand, blies uns das memento mori aus der Schindbaracke in die Nase, eine Mahnung ans vergängliche Fleisch, die mich fast zur Pflanzenkost hätte bekehren können, stänke der so blu-menhaft benannte Kohl nicht ebenso abscheulich.«

Fünf Monate hielten es die beiden hier aus. Anschließend fanden sie Mitte des Jahres 1933 die relativ erschwing-liche Wohnung in der C/ del Vi, da-mals C/ General Barceló, in der sie fast drei Jahre blieben (vgl. S. 43 f.).

Da wir uns nun bereits im nördlichen Teil Palmas aufhalten, bietet sich zum Abschluß ein Besuch auf dem zentra-len Friedhof der Stadt an. Dazu fahren wir auf der C/ Francesc Suau weiter über die Carretera de Valldemossa bis zur C/ Guillem Forteza, in die wir links einbiegen. Sie heißt in ihrer Ver-längerung C/ Uruguai und führt direkt zum Hauptportal des alten Teils des Cementeri Municipal. (Vorsicht vor Taschendieben!!)

⓬ Cementeri Municipal
C/ Uruguai

Der älteste Teil des Friedhofs mit sei-nen repräsentativen, ehrwürdigen und häufig ästhetisch gelungenen Familien-Grabstätten stammt aus der Mitte des 19. Jahrhunderts. Seitdem ist das Friedhofsgelände stadtauswärts in nördlicher Richtung immer weiter gewachsen. Der neuere Teil ist von breiten asphaltierten Straßen durchzogen, an denen in langen Reihen die einheitlichen dreigeschossigen Betontotenhäuser errichtet wurden, die in ihrer Nüchternheit an Reihen von Hochhäusern erinnern, schmucklos, unpersönlich, prosaisch: »Trauer, zu Beton geworden, in den Himmel wachsend«, schreibt Thomas Bernhard in seinem 1982 erschienenen Roman *Beton* (vgl. S. 71 f.).

Durch Thomas Bernhard hat der Cementeri Municipal eine Art literarischer Nobilitierung erhalten. Schon im Titel des Romans, der teilweise auf Mallorca angesiedelt ist und in dem der Friedhof eine bedeutende Rolle spielt, spiegelt sich die eigenartige Faszination wider, die dieser Friedhofsteil mit seinen endlosen Reihen dreistöckiger Beinhäuser aus Beton, in die die Särge horizontal hineingeschoben werden, auf den Dichter ausübte: »Der Friedhof von Palma ist riesengroß und wirkt, wenigstens für den mitteleuropäischen Begriff, zuerst einmal ungemein fremdartig und dadurch unheimlich, er erinnert schon mehr an Nordafrika und die Wüste, und ich dachte, obwohl ich immer geglaubt habe, es ist mir gleich, wo, *da* will ich nicht begraben sein.«

**Das Castell de Bellver
mit Blick auf
Stadt und Bucht
von Palma**

3. »Auf der Höhe über Palma«
El Terreno, Bonanova, Génova

Von diesem Spaziergang an entfernen wir uns immer weiter vom Zentrum Palmas. Wir beginnen mit einem Ausflug auf die Hügel oberhalb Palmas, von wo aus man einen herrlichen Blick auf die Stadt, die Bucht von Palma und das Meer hat und bei gutem Wetter sogar die Umrisse von Ibiza erkennen kann. Sofern man nicht mit einem Leihwagen unterwegs ist, fährt der Bus A 4 von der Plaça de la Reina über El Terreno und Bonanova bis nach Génova. Erster Ausstieg am Beginn der Av. Joan Miró. Nach dem Rundgang in El Terreno kann man wieder den Bus A 4 nach Bonanova nehmen, später auch nach Génova.

Der Ausflug nach El Terreno, dem kleinen Vorort im Westen Palmas, beginnt auf der Av. Joan Miró, genauer gesagt an der Stelle, an der die Av. Marques de la Cenia in die Joan Miró übergeht. Auf dem kleinen, durch die beiden spitz aufeinander zulaufenden Straßen gebildeten Platz steht das

❶ Denkmal für Santiago Rusiñol
Av. Joan Miró

Das Denkmal für Santiago Rusiñol weist im Gegensatz zu vielen anderen Skulpturen in der dem Modernismo eher reserviert gegenüberstehenden Stadt deutlich Stilelemente des Art nouveau auf: Wie in einem Rosenhag wird die Büste Rusiñols von Steinstreben und -girlanden umrankt und so dem Dichter gehuldigt, der, wenn er nicht auf einer der zahlreichen *tertulias* in einem der Cafés am Borne debattierte, sich in dem damals noch ru-

higen, am Fuße des Castell de Bellver gelegenen Viertel El Terreno am wohlsten fühlte.

Santiago Rusiñol (1861–1931), der Maler und Schriftsteller war und dem die Insel mit seinem Buch *L'illa de la calma* (vgl. S. 5 f.) ihre schönste Huldigung verdankt, gilt als Wegbereiter des katalanischen Modernismo. Sowohl seine Malerei als auch seine Dichtung sind vom französischen Impressionismus beeinflußt. Auch der 1907 erschienene Familienroman *L'auca del Senyor Esteve* (»Der Bilderbogen des Herrn Esteve«) verströmt die schwebende Leichtigkeit impressionistischer Malerei. Der Roman, der bei seinem Erscheinen mit Thomas Manns 1901 erschienenen *Buddenbrooks* verglichen wurde, erzählt die Geschichte des Aufstiegs einer bürgerlichen Familie über vier Generationen. In seiner Titelfigur Senyor Esteve, die sich als eine der berühmtesten Figuren der katalanischen Literatur des 20. Jahrhunderts behauptet hat, manifestiert sich das spannungsreiche Verhältnis zwischen Kunst und Bourgeoisie.

Wir gehen oder fahren die Av. Joan Miró stadtauswärts weiter. Nach etwa 100 m zweigt rechts die C/ Camilo José Cela ab, die früher C/ Bosque hieß. An der Ecke steht ein zweigeschossiges, nüchternes, Anfang der fünfziger Jahre errichtetes Haus.

❷ Erste Wohnung von Camilo José Cela
C/ Camilo José Cela, 1

Camilo José Cela (geb. 1916), der Schriftsteller und Literaturnobelpreisträger des Jahres 1989, bezog 1954, als er das erste Mal mit seiner Frau Charo nach Mallorca kam, eine Wohnung im Haus an der C/ Bosque Nr. 1, heute C/ Camilo José Cela, im Stadtteil Son Armadans, damals ein beschauliches Vorstadtviertel. *Papeles de Son Armadans* heißt die Literaturzeitschrift, die Camilo José Cela hier gründete und die er viele Jahre redaktionell betreute. Die erste Nummer erschien im April 1956. In den *Papeles de Son Armadans* erschienen literarische Texte sowie Essays zu Themen aus Kunst, Wissenschaft und Philosophie. Zu Wort kamen sowohl in Spanien als auch im Exil lebende Autoren. Ihre politische Brisanz bezogen die *Papeles*, die einen liberalen, kosmopolitischen Kurs verfolgten, aus ihrer kritischen Einstellung gegenüber Bürgerkrieg und Francismus und einer mehr oder weniger verdeckten Opposition zum bestehenden Regime. Die einzelnen Hefte der dreimal jährlich erscheinenden *Papeles* wurden einer strengen Zensur unterzogen, so wie auch Celas 1951 in Buenos Aires erschienener Roman *La colmena* (dt. *Der Bienenkorb*, 1964) in Spanien lange auf dem Index stand und hier erst in den sechziger Jahren gedruckt werden konnte.

Seit seinem ersten, 1942, drei Jahre nach dem Ende des Bürgerkriegs, erschienenen Roman *La familia de Pascual Duarte* (dt. *Pascual Duartes Familie*, 1949) gehört Cela zu den Klassi-

Cela in seinem Haus in der Carrer de Camilo José Cela. Unten: Deckblatt des Sonderheftes *Mallorca* der *Papeles de Son Armadans*. Entwurf: Angela von Neumann

kern der *literatura posguerra*, der Literatur nach dem Bürgerkrieg. Er gilt als Vertreter des *tremendismo*, einer in der spanischen Nachkriegsliteratur stilbildenden Variante des Realismus.

Auch die *Conferencias de la Calle Bosque* oder *Conferencias de Son Armadans*, an denen einheimische, aber auch ausländische Künstler, Schriftsteller und Intellektuelle, während sie sich auf der Insel aufhielten, teilnahmen, um über literarische und kulturpolitische Themen von allgemeinem Interesse zu diskutieren, waren gerade im Hinblick auf eine mögliche Liberalisierung des geistigen Lebens jener Jahre von wesentlicher Bedeutung. Aus ihnen gingen viele Jahre später die *Conversaciones poéticas de Formentor* hervor (vgl. S. 120 ff.).

Nachdem die Wohnung zu klein geworden war, zog Cela nach zwei Jahren mit seiner Frau in die C/ Josep Villalonga (vgl. S. 58 f.) und schließlich nach Bonanova (vgl. S. 62 f.).

Weiter stadtauswarts führt die Av. Joan Miró zur Plaça Gomila, zu der eine kleine Sackgasse auf der linken Seite führt.

❸ Plaça Gomila
El Terreno

In den zwanziger Jahren wurde der Platz, der früher einmal »Sa Placeta«, das Plätzchen, hieß, nach der Familie Gomila benannt, die hier am Ende des 19. Jahrhunderts das erste Haus errichten ließ, später jedoch wie etliche Mallorquiner in dieser Zeit nach Kuba auswanderte.

Santiago Rusiñol wohnte mit seiner Familie während seiner häufigen Aufenthalte auf der Insel an der Plaça Gomila und trug wesentlich zum wachsenden Renommee des Stadtteils El Terreno bei. Die Bebauung des Viertels hatte begonnen, nachdem sich etwa 2000 Menschen in notdürftig errichteten Zelten hier niederließen, die vor der 1865 in Palma ausgebrochenen Pest vor die Tore der Stadt geflüchtet waren. Von da an entwickelte sich El Terreno zu einem beliebten Wochenend- und Ausflugsort. War es zunächst den reichen Palmesen vorbehalten, in El Terreno ein Wochenendhaus zu haben, so kamen mit Beginn des 20. Jahrhunderts auch die ersten Ausländer und *Foresters*, die Festland-Spanier, um hier Land zu kaufen und sich ihr Zweithaus zu errichten.

Die Plaça Gomila, heute ein unattraktiver, von charakterlosen Hochhausbauten aus den sechziger Jahren, einem Schnellimbiß und einer heruntergekommenen Nachtbar umsäumter schmuddliger Platz, der seinen morbiden Charme längst eingebüßt hat, avancierte zum zentralen Treffpunkt. In den 20er und 30er Jahren scheint er so etwas wie ein kleines Quartier Latin von Mallorca gewesen zu sein, wo sich Künstler, Schriftsteller und Bohemiens aus allen Teilen Europas und aus den USA ein Stelldichein gaben.

Llorenç Villalonga (vgl. S. 24 ff., 100 f.) als konsequenter Anhänger der moralischen Werte des Ancien régime sah dem bunten Treiben mit Abscheu zu. In seinem Roman *Mort de Dama* (1931) überschüttet er die exzentrischen Bohemiens und Parvenüs, die Angehörigen einer Jeunesse dorée aus

Europa und den USA, mit Hohn und Spott. Er witterte eine Gefahr für die auf antiquierte Moralvorstellungen eingeschworene Gesellschaft Mallorcas und fürchtete einen Verfall der Sitten: »Es sind Fremde, die sich im Winter baden und der Religion den Rücken zukehren. Sie machen teuflische Cocktails. Sie veranstalten Bälle und Teegesellschaften. Das alte Viertel tut, als ob es sie nicht zur Kenntnis nehme.« So folgenlos, wie Villalonga es sich wünschte, blieb das Verhalten der ausländischen Bohemiens jedoch nicht: »Die eine oder andere auf der Insel beheimatete Senyorita verlangt bei den fast liturgischen Teegesellschaften im Casino bereits Cocktails aus Gin und Wermut. Zwei von ihnen wagen es, im Karneval eine Zigarette anzuzünden. Die Luft ist schwanger von Vorbedeutungen.« Amerikanerinnen waren es auch, die es wagten, am Strand gegen den bestehenden Moralkodex zu verstoßen. Sie badeten nackt und unterwanderten die Trennung in Männer- und Damenstränden, indem sie selbst auf die Männerseite gingen: »Die jungen Nordamerikanerinnen merken nicht einmal, wie skandalös sie manchmal wirken. Sie sind banal wie ein achtjähriges Kind... Wenn ein Flegel ihnen eine Unverschämtheit sagt, lächeln sie zufrieden, weil sie ihn nicht verstehen.«

In den fünfziger Jahren, mit der Eröffnung von Tito's Nightclub, einer der ersten Discos auf der Insel, die man noch heute mit einem Fahrstuhl von der Av. Gabriel Roca aus erreicht, erlebten der Platz und seine Umgebung noch einmal ein kurzes Revival als

El Terreno und das Castell de Bellver. Alte Postkarte

Treffpunkt der Reichen und Schönen. Heute dämmert er schmuddlig vor sich hin.

Zurückgekehrt zur Av. Joan Miró, begeben wir uns in die auf der gegenüberliegenden Seite der Avenida einmündende, ziemlich steil ansteigende C/ Bellver und biegen rechts in die C/ Josep Villalonga. Da die am Hang gelegenen Straßen sehr eng sind, empfiehlt es sich, das Auto am Anfang der C/ Josep Villalonga abzustellen und zu Fuß die C/ Bellver bis zur C/ Vilella dos de Maig zu gehen, in die wir links einbiegen.

Gertrude Stein in ihrer Pariser Wohnung, Rue du Fleurus, 27, um 1910

❹ Wohnhaus von Gertrude Stein und Alice B. Toklas
C/ Vilella dos de Maig, 17
El Terreno

In diesem Haus mit einem wunderschönen Blick auf die gesamte Bucht von Palma lebte Gertrude Stein (1874–1946), als sie sich zusammen mit ihrer Lebensgefährtin Alice B. Toklas (1877–1967) vom Herbst 1915 bis zum Frühjahr 1916 auf der Insel aufhielt, um »den Krieg ein wenig zu vergessen«. Gertrude Stein berichtet darüber in *The Autobiography of Alice B. Toklas* (1933, dt. *Die Autobiographie von Alice B. Toklas*, 1959). Darin beschreibt Gertrude Stein in einem lockeren, leicht lesbaren Plauderton, den sie ihrer Gefährtin in den Mund legt, wie es zugegangen war in ihrem Pariser Salon in der Rue de Fleurus, 27 zu Beginn des 20. Jahrhunderts und auf den vielen Reisen, die das Paar gemeinsam unternahm.

Schon in Barcelona wundern sich die beiden, so viele Männer auf den Straßen zu sehen: »Ich dachte nicht daß es noch so viele Männer auf der Welt geben würde.« Auf Mallorca ist der Krieg kaum ein Thema. Zum Erstaunen der beiden Amerikanerinnen beschäftigen sich die Mallorquiner fast ausschließlich mit der pekuniären Seite des Kriegs. »Die Gefühle der Inselbewohner damals waren sehr gemischt was den Krieg betraf«, schreibt Gertrude Stein im vermeintlich sachlichen Ton einer Chronistin, hinter dem ihre Ressentiments diskret verborgen, aber doch unüberhörbar sind. »Was sie am meisten beeindruckte war das viele Geld das er kostete. Sie konnten stundenlang darüber sprechen, wieviel er kostete pro Jahr, pro Monat, pro Woche, pro Tag, pro Stunde ja sogar pro Minute. Wir hörten sie an

Sommerabenden, fünf Millionen Pesetas, eine Million Pesetas, zwei Millionen Pesetas, gute Nacht, gute Nacht, und wußten sie waren wieder einmal beschäftigt mit ihren endlosen Berechnungen der Kosten des Krieges. Da die meisten Männer sogar die der gehobenen Mittelschicht nur mit Mühe lasen, schrieben und zählten und die Frauen überhaupt nicht, kann man sich vorstellen was für ein faszinierendes und unerschöpfliches Thema die Kosten des Krieges waren.«

In dem Haus, in dem Gertrude Stein und Alice B. Toklas lebten – ein altes Steinhaus mit einem verwinkelten *Patio*, der über schräg gelaufene Steinstufen zu erreichen ist und grell leuchtet von wild wuchernden Bougainvillas –, lebt noch heute Elena Kerrigan, eine aparte alte Dame, Witwe des amerikanischen Schriftstellers und Übersetzers Anthony Kerrigan. Die Kerrigans waren 1955 aus Chicago nach Mallorca

gekommen. Anthony Kerrigan, der Miguel de Unamuno, Ana María Matute und Celas Roman *Pascual Duartes Familie* ins Amerikanische übersetzt und in den USA bekannt gemacht hat, nahm regelmäßig an den *Conferencias de Son Armadans* teil und arbeitete in der Redaktion der *Papeles de Son Armadans* mit. Elena Kerrigan erinnert sich, daß ihr Mann den verwegenen Plan gefaßt hatte, Trotzkis *History of Revolution* ins Spanische zu übersetzen und den *Conferencias* als Lektüre vorzulegen. Allerdings erreichte das Exemplar, das ihm die University of Michigan per Post zusandte, seinen Empfänger erst beim dritten Anlauf, nachdem der amerikanische Botschafter Fred Wieck interveniert hatte. Es waren die fünfziger Jahre im Spanien Francos.

Wir gehen nun zurück zum Auto in der C/ Josep Villalonga und fahren in Richtung Stadt. Auf der linken Seite befindet sich das Haus Nr. 87.

Cela in der Carrer Josep Villalonga, mit Blick auf die Bucht von Palma

❺ Wohnhaus von Camilo José Cela C/ Josep Villalonga, 87 El Terreno

In diesem Haus wohnte Camilo José Cela während seiner wiederholten Aufenthalte auf der Insel in den 50er Jahren, nachdem die erste Wohnung zu klein geworden war (vgl. S. 54 f.) und bevor er sich das eigene Haus in Bonanova bauen ließ (vgl. S. 62 f.). Er bewohnte mit seiner Familie den ersten und zweiten Stock des Hauses, im Souterrain befand sich die Redaktion der *Papeles de Son Armadans*.

Am Ende der C/ Josep Villalonga stoßen wir wieder auf die C/ Camilo José Cela, in die wir links einbiegen. Die ehemalige C/ Bosque führt, steil ansteigend, mitten durch den leicht gelichteten Pinienwald um das Castell de Bellver herum auf einen Parkplatz. Man betritt die Burg über eine vom Parkplatz hinaufführende Treppe. Zu Fuß führt ein direkter Weg vom Ende der C/ Bellver zum Castell de Bellver.

Torre del Homenaje, Castell de Bellver, über die Ziehbrücke zu betreten

❻ Castell de Bellver

Trutzig ragt die aus beigem Naturstein errichtete Burg mit ihren vier wuchtigen Ecktürmen in den meist blauen wolkenlosen Himmel. Von den oberen Terrassen eröffnet sich dem Besucher ein grandioser Blick in alle Himmelsrichtungen. Das Castell und die in den oberen Räumen untergebrachte Historische Sammlung der Stadt sind das ganze Jahr über zu besichtigen. In dem imposanten runden Innenhof finden in den Sommermonaten Ausstellungen und Konzerte statt.

Begonnen unter König Jaime I., diente die 1309 fertiggebaute Burg zunächst als Residenz des Königs von Mallorca. 1349 wurde sie an das aragonische Königshaus übergeben und zum Gefängnis umfunktioniert, in das Aufwiegler, Abtrünnige und Andersgläubige eingekerkert wurden.

Die Geschichte der konvertierten Juden, der *Xuetas*, war lange tabuisiert und ist noch heute ein heikles Thema. Erst seit einigen Jahren wird darüber öffentlich diskutiert und auch geschrieben. Die aus Palma gebürtige, heute in Barcelona lebende Schriftstellerin Carme Riera (geb. 1948) hat es zum Thema ihres 1994 erschienenen Romans *Dins es darrer blau* (dt. *Ins fernste Blau*, 2000) gemacht. Der Roman behandelt das Schicksal einer Gruppe mallorquinischer Juden, die gezwungen werden, zu konvertieren, aber nicht bereit sind, auf die Ausübung ihrer jüdischen Rituale zu verzichten. Nach vereitelter Flucht werden sie gefangengenommen, gefoltert und mit gewaltsamen Bekehrungsversuchen traktiert. In suggestiven Bildern beschreibt die Autorin, die für den in Catalán geschriebenen Roman den *Premio Nacional de Literatura* erhielt, die Ängste und Leiden, aber

auch die Glaubensstärke und Liebe der Gefangenen, denen der Weg in die Freiheit, ins »fernste Blau«, versagt blieb.

Fast ein Jahrhundert früher hatte der valencianische Dichter Vicente Blasco Ibáñez (1867–1928) einen Roman zu demselben Thema geschrieben. In *Los muertos mandan* (1909, dt. *Die Toten befehlen*, 1925) beschreibt er das Leben der *Xuetas* im 19. Jahrhundert.

Einer der prominentesten Gefangenen des Castell de Bellver war der spanische Staatsmann und Schriftsteller Gaspar Melchor de Jovellanos (1744–1811), einer der bedeutendsten Köpfe der spanischen Aufklärung und Erfinder der *Comédie larmoyante*. In seinen zwischen 1790 und 1801 auf unzähligen Reisen entstandenen Tagebuchaufzeichnungen deckte er Mißstände in Spanien auf, prangerte die Verantwortungslosigkeit der höheren Stände und des Klerus an und trat für eine liberalere Politik ein. Er berichtete von »verfallenen, halbentvölkerten und schmutzigen Ortschaften, traurigen und zerlumpten Bewohnern, von unbebauten, zur Wüste gewordenen Landstrichen«. 1801 wurde er in seiner Heimatstadt Gijón festgenommen und in die Verbannung nach Mallorca geschickt. Von 1802 bis 1808 lebte er auf Bellver. Man billigte ihm eine komplett eingerichtete Wohnung und sogar Bedienstete zu. Obwohl zeitweise die Benutzung von Papier, Feder und Tinte untersagt war, schrieb er während der Haft über die Llotja,

Juden bei der Zubereitung von Matze. Buchmalerei aus dem 15. Jahrhundert

Gaspar Melchor de Jovellanos. Nach einer Zeichnung von Francisco Goya

das Kloster Sant Francesc (vgl. S. 40, 27 f.) und über seine Gefangenschaft im Castell de Bellver. Ihn entsetzte das Verlies unterhalb des vierten, etwas abseits stehenden Turms, der über eine Ziehbrücke zu erreichen ist. Von ihm führt eine Bodenklappe in eine Höhle, in die die Gefangenen aus einer Höhe von fünf Metern hinabgeworfen wurden.

Nach seiner Freilassung ging de Jovellanos zurück nach Madrid. Er schrieb nun »poetische Briefe«, in denen er, beeinflußt von Rousseaus Werken, die unberührte Landschaft für die spanische Literatur wiederentdeckte: »Willst du glücklich sein, o Mensch, dann betrachte die Natur und nähere dich ihr; sie ist die einzige Quelle der kurzen Freude, die dem menschlichen Geschlecht gegönnt ist.«

Nach der Besichtigung des Castell de Bellver fahren wir zurück zur Av. Joan Miró, in die wir rechts einbiegen und stadtauswärts weiterfahren. Nach einer starken Rechtskurve und kurz, nachdem wir das ausgetrocknete Flußbett des Torrent Sant Magí überquert haben, biegen wir rechts ab in Richtung Bonanova (Straßenschild) in eine stark ansteigende kleine Straße (vorbei an der Clínica Mestre), die weiter oben auf die C/ Francesc Vidal Sureda stößt, in die wir wiederum halbrechts in Richtung stadtauswärts einbiegen.

Wir sind nun in Bonanova, einem Vorort von Palma. Hier finden sich neben weißen, sachlich-schlichten, bauhausinspirierten Quaderhäusern, wie sie in den fünfziger Jahren als Zweit- und Ferienhäuser gebaut wurden, einige hochherrschaftliche Villen. Hohe Steinmauern schirmen die üppig wuchernden Gärten von der Außenwelt ab. Streunende Katzen und Hunde liegen dösend in der Sonne oder erschrecken, unvermittelt die Straße überquerend, den Autofahrer, wenn denn die Rusiñolsche Ruhe endlich von ihm Besitz ergriffen haben sollte. In der C/ Francesc Vidal Sureda, 175 (früher 71) steht die Casa de la Bonanova von Camilo José Cela.

❼ Casa de la Bonanova
Haus von Camilo José Cela
C/ Francesc Vidal Sureda, 175
Bonanova

1964 ließ Camilo José Cela von den Architekten Ramón Vázquez Molezún und J. A. Corrales die Casa de la Bonanova bauen, die er während seiner Inselaufenthalte noch heute bewohnt. Er wünschte sich ein »zweckmäßiges« Haus. Der in den sechziger Jahren beginnende und bis heute anhaltende Trend meist ausländischer Bauherren zu pompösen Zweitvillen, die häufig alles andere als geschmackvoll sind und sich nicht in die Gegend einfügen, ist Cela suspekt: »Häuser sind häufig luxuriös oder protzig oder imposant, im einen oder anderen Stil, und schließlich mündet alles im Pastiche, in falschem Luxus. Wiederho-

Cela (li.) mit Llorenç Villalonga (re.) und Llorenç Moyá, 1955

Das Eßzimmer in Camilo José Celas Haus, der Casa de la Bonanova

lungen eines Stils, den zu wiederholen durchaus entbehrlich wäre.« Augenzwinkernd, aber nicht uneitel fügt er hinzu. »Es ist kein leichtes Unternehmen, ein Haus für einen Schriftsteller zu errichten und, noch weniger, für einen Autor wie mich: wild, elementar und dickköpfig (gelegentlich auch sentimental, barock und eklektisch).«
Das Haus war für Cela, eigentlich ein Madrileño, der aber doch mehr als die Hälfte seines Lebens auf Mallorca verbracht hat, ein Ort der Ruhe und Muße, aber auch ein Ort eines regen gesellschaftlichen und kulturellen Lebens, zu dem er mit Soireen, Kolloquien und Dichterlesungen wesentlich beitrug. Gäste waren auch in diesem Haus stets gern gesehen.
Fahren wir die C/ Francesc Vidal Su-

reda weiter stadtauswärts, so liegt auf der rechten Seite die kleine Kirche von Bonanova an der Plaça de la Bananova, die man von der C/ del Santuario über eine Treppe erreicht.

❽ Wohnhaus von Harry Graf Kessler Plaça de la Bonanova, 3 Bonanova

Hier wohnte von 1933 bis 1935 der Schriftsteller, Homme de lettres und Kunstsammler Harry Graf Kessler (1868–1937), der die Insel nach einem kurzen ersten Aufenthalt in den zwanziger Jahren eigentlich nie wieder betreten wollte. Entnervt von der strapaziösen Schiffspassage in einem »hübschen, kleinen Drei- bis Viertau-

63

send-Tonnen-Schiff«, notierte er am 29. April 1926 in sein Tagebuch: »Unser letzter Tag in Palma. Häßliches, trübes Wetter. Nochmals in die Kathedrale. Trotz der Kahlheit und Dunkelheit gewaltiger Eindruck des ungeheuren Raumes.« Es folgt die erbitterte Beschreibung der Überfahrt nach Barcelona, auf der er die ganze Nacht mit anhören mußte, wie die Passagiere »brachen, stöhnten, klingelten, wieder brachen, wieder stöhnten, wieder klingelten. Dazwischen heulten die Kinder, wenn sie nicht auch brachen, die Mutter schien sich die Seele aus dem Leib zu kotzen, der Vater, der auch in einem tiefen Baß brach, schwor dazwischen: Nie wieder Mallorca: *es la ultima vez*!« Aber Kessler kam wieder.

Im März 1933 verließ er Berlin endgültig via Paris und erreichte Mallorca im November desselben Jahres. In Bonanova glaubte er, das richtige Haus gefunden zu haben, »auf der Höhe über Palma mit einem herrlichen, grandiosen Blick auf das Meer, die Bucht von Palma und die Stadt selbst. Hübsches, hübsch eingerichtetes, einstöckiges, ganz modernes Haus mit großen Terrassen und Blumenbeeten nach Süden zu. Wir waren sofort entschlossen, es zu mieten.« Einen Teil seiner Bücher und seiner Korrespondenz ließ er durch seinen Adlatus Max Goertz mit Handkoffern einschmuggeln. Nach der 1928 erschienenen Rathenau-Biographie schrieb Kessler an der Ausarbeitung des auf drei Bände konzipierten autobiographischen Werks *Gesichter und Zeiten*, dessen erster Band, *Völker und Vaterländer*, auf Mallorca abgeschlossen wurde.

Harry Graf Kessler, Mitte der 30er Jahre auf Mallorca

Eine Arbeit, die Kessler aufgrund seines angegriffenen Gesundheitszustands und der Sorge um die politische Entwicklung in Deutschland einige Mühe bereitete. Sein Privatsekretär, Lektor und Korrektor Albert Vigoleis Thelen, der Kessler ausgesprochen schätzte, erinnert sich lebhaft an die Manuskriptblätter, die in ihrer ohnehin schwer zu entziffernden Handschrift durch immer neue Verbesserungen, Streichungen und Ergänzungen abzutippen »kein Schleck« war: »Gesichter und Zeiten, Völker und Vaterländer begannen sich in meinem Hirn zu drehen, daß es mir schwummrig wurde; es war wie eine Springprozession, aber mit jeweils vielen Schritten zurück und nur ganz wenigen, die einen weiterbrachten.«

Das Buch, das 1935 bei S. Fischer in Berlin erschien, kam sofort auf den Index. Zur gleichen Zeit erkundigte sich das Reichssicherheitshauptamt beim deutschen Konsulat in Barcelona nach dem Gebaren des »Reichsange-hörigen« Graf Kessler und erhielt zur Antwort, Kessler sei »politisch nicht hervorgetreten, vermeide es aber sichtlich, zum neuen Deutschland Stellung zu nehmen«. Nachteiliges über ihn sei somit hier nicht bekannt geworden. Im Juni 1935 verließ Harry Graf Kessler Mallorca schwerkrank und ging zu seiner Schwester Wilma de Brion nach Frankreich. Er starb am 30. Oktober 1937 in Lyon.

Wir fahren weiter die C/ Francesc Vidal Sureda stadtauswärts, vorbei an der englischen Schule und über die Autobahn hinweg in die Camí del Tranvia, die Verlängerung der C/ Joan de Saridakis, die uns nach Génova führt. An der ersten großen Ampelkreuzung biegen wir links in die Camí dels Reis, die direkt ins Zentrum von Génova führt. Auf dem Platz an der Kirche empfiehlt es sich, das Auto stehen zu lassen.

❾ Kindheitsort von Fabrizia Ramondino Génova

Das Auffallendste an diesem sich an einen Hang schmiegenden, gedrungenen Dorf ist seine majestätische Kirche. Die von der Hauptstraße abzweigenden kleinen Straßen und schmalen Wege werden rechts und links von Natursteinmauern gesäumt, die die Grundstücke einfrieden. Manchmal bahnt sich ein Baum mit elementarer Kraft seinen Weg durch eine Mauer. Die Häuser sind hier bescheidener und eher niedrig, die Gärten überschau-

bar. Fast an jedem Tor schlägt ein Hund an und bedeutet dem Vorbeigehenden, daß er sich getrost als Eindringling fühlen möge.

In Génova verbrachte die 1936 in Neapel geborene italienische Schriftstellerin Fabrizia Ramondino, die mit mehreren Sprachen aufgewachsen ist und sich, wie sie später einmal sagte, nirgends »verläßlich zu Haus« fühlt, die ersten sechs Jahre ihrer Kindheit. Ihr Vater war Konsul auf Mallorca. »Ich glaube, daß der Grund von so vielen Mißverständnissen darin zu suchen ist, daß ich nicht eine, sondern zwei Muttersprachen gehabt habe«, schreibt sie in *Althénopis* (1981, dt. *Althénopis. Kosmos einer Kindheit*, 1986), das Italienische ihrer neapolitanischen Mutter und das Mallorquini-

Fabrizia Ramondino als Kind

sche der Amme, einer Bauersfrau aus dem Dorf Sa Pobla. »So, wie in den Städten und Ländern, bin ich auch nicht sehr verläßlich zu Haus in den Sprachen und in den sozialen Klassen.«
Im Dorf ihrer Amme begegnet das Mädchen zum erstenmal einer Welt, die der ihres kultivierten Elternhauses diametral entgegengesetzt war, zu der sie aber zeitlebens eine besondere Empathie haben wird. »Ohne ein Geräusch zu machen, erhob ich mich, ging auf die Felder zu und schlug den verbotenen Pfad ein, der zu einer armen, von Kindern und Tieren bevölkerten finca führte, wohin die Amme mich heimlich, hinter dem Rücken meiner Mutter, mitgenommen hatte. Die Bäuerin bot mir ein frischgelegtes Ei zum Trinken an. Die Enkelkinder starrten mich staunend an, ein mir gleichaltriges Mädchen voller Neid. Ich gab ihr die rosa Schleife, die ich im Haar trug, und dann standen wir voreinander, ich die ausgeschlürfte, ganz gebliebene Eierschale in der Hand wiegend, sie die Schleife, jede verloren im Geheimnis des Lebens des anderen.«
In ihren Büchern thematisiert Fabrizia Ramondino diese auf ihren vielen Reisen erfahrene Fremdheit. Fast inbrünstig erinnert sie sich in den unter dem Titel *In viaggio* (1995, dt. *»Steh auf und geh!«* Kosmos eines Lebens, 1996) zusammengefaßten halbbiographischen Berichten an das »Arkadien« ihrer Kindheit, nicht ohne die Greueltaten zu erwähnen, von denen sie als Kind nichts ahnte, die aber zur selben Zeit geschahen, »weil wir auf der Insel

angekommen waren, gleich nachdem die Francisten jene *Großen Friedhöfe unter dem Mond* geschaffen hatten, die Bernanos uns mutig schildert«.
Solange Franco an der Macht war, hat Fabrizia Ramondino mallorquinischen Boden nicht wieder betreten. Erst 1979 besuchte sie die Insel und traf noch den inzwischen gebrechlich gewordenen Gärtner, der sich an sie und die Geschwister erinnerte und sie noch einmal durch den Garten führte. »Von dort aus konnte man auch das Meer sehen. Und zwischen Meer und Haus hing im Februar oder März, zur Zeit der Mandelblüte, eine weißrosa Wolke, auf der das Haus wie zwischen Amethyst- und Smaragdkristallen schwebte.« Das Haus selbst, im Buch »Son Batle« genannt, konnte trotz intensiver Nachforschungen nicht ausfindig gemacht werden.
Wir gehen nun, ebenfalls zu Fuß, über die C/ Barranc zur C/ Batista, von wo aus man den schönsten Blick über die Hafenbucht von Palma hat. Das Haus Nr. 48 wird von der Tochter von Jacobo Sureda und deren Mann bewohnt. Es heißt noch heute Ca's Potècari, was nicht mehr besagt, als daß das Haus einmal einem Apotheker gehört haben muß.

❿ Ca's Potècari
Letzter Zufluchtsort von Albert Vigoleis Thelen und Beatrice Thelen
C/ Batista, 48, Génova
Hier, im Hause ihres Freundes Jacobo Sureda (1901–1936), fanden Albert Vigoleis Thelen und seine Frau Bea-

Johanna Ey und Jacobo Sureda in der Ca's Potècari, 1935

trice ihren letzten Zufluchtsort vor den Falangisten, bevor sie Mallorca verließen (vgl. S. 47 f.). In der *Insel des zweiten Gesichts* liest sich der Ausbruch des Bürgerkriegs am 18. Juli 1936 so: »Der Sonntag brach strahlend an wie nie ein Tag. In der Nacht waren wieder Schüsse gefallen. Was man nachts noch jagen könne, wollte Beatrice wissen. Fledermäuse, sagte ich, der beste Ersatz für Tontauben, und der billigste. Das Meer lag unbewegt und sich selbst genug in der Bucht; kein Segel, kein Kielwasser eines schon unter die Kimme gesunkenen Schiffes, kein Windhauch, der auf dem Spiegel den flammicht gewässerten Moiré-Effekt erzeugt. Bleiern auch der Himmel.«

Der Maler Jacobo Sureda hatte das Ca's Potècari mit seiner Frau, der Amerikanerin Elly Sackett, in den zwanziger Jahren gekauft. Von deren Tochter, der Malerin Pilar Sureda Sackett, war zu erfahren, daß sich die Werke ihres mit 35 Jahren an Tbc verstorbenen Vaters zum großen Teil in Deutschland befinden, im Nachlaß der Düsseldorfer Galeristin Johanna Ey (1864–1947), die der Maler während seines Studiums an der Düsseldorfer Kunstakademie kennengelernt und mehrmals nach Mallorca eingeladen hatte.

Johanna Ey, eine in der Kunstgeschichte weitgehend vergessene Sammlerin und Mäzenin, kam eher zufällig zur Kunst. Vor dem Ersten Weltkrieg unterhielt sie einen kleinen Bäckerladen in der Nähe der Düsseldorfer Kunstakademie, der sich unter den Absolventen der Kunstakademie großer Beliebtheit erfreute. In Ermangelung anderer Zahlungsmittel beglichen diese die offenstehenden Rechnungen häufig mit Kunstwerken, so daß sich bei Ausbruch des Kriegs eine erkleckliche Sammlung avantgardistischer Werke, u. a. von Ernst Barlach, Emil Nolde, Otto Pankok, Max Ernst und Otto Dix, in ihrem Besitz befand. Fast zwangsläufig begann sie, mit Kunstwerken zu handeln, und eröffnete nach dem Ersten Weltkrieg in der Düsseldorfer Altstadt eine Galerie, die es in den zwanziger Jahren zu einigem Ansehen brachte. Ohne akademische Vorbildung, dank reiner Intuition und gesunden Menschenverstands, entwickelte »Mutter Ey«, wie sie von den jungen Künstlern liebevoll genannt wurde, ihren Sachverstand für Werke der zeitgenössischen Avantgarde und wurde zur Sammlerin. Während Johanna Ey in Deutschland so gut wie vergessen ist, erinnert man sich auf Mallorca in Künstlerkreisen noch heute an *madre huevo* (von span. *huevo*, das Ei), wie sie hier burschikos genannt wurde.

Génova verfügt über einige gute Restaurants, die zu besuchen sich vor der Rückfahrt nach Palma durchaus empfiehlt.

Blick in das Atelier von Joan Miró auf Mallorca

4. Das Licht von Mallorca – »getränkt von Poesie« Vom Passeig Maritim über Porto Pi nach Cala Major

Dieser Ausflug entlang der Küste von Porto Pi bis Cala Major und weiter zum Atelier und Wohnhaus von Joan Miró kann, sofern nicht im geliehenen Auto, mit dem Bus Richtung Andratx unternommen werden, der in der C/ Eusebi Estada neben dem Bahnhof von Palma abfährt. Der Ausflug ist gewissermaßen das Gegenstück zu dem vorherigen auf die Hügel oberhalb Palmas und kann auch mit diesem verbunden werden. Er beginnt am Hotel Meliá Confort, ehemals Meliá Mallorca, am Passeig Maritim.

Hotel Meliá Victoria, ehemals Mallorca, heute Confort, in den sechziger Jahren

❶ Hotel Meliá Confort
Passeig Maritim, 29

In diesem Hotel wohnte Thomas Bernhard (1931–1989) seit 1981 bei jedem seiner Aufenthalte auf der Insel. »Die Insel ist immer noch die schönste in Europa, auch die Hunderte von Millionen Deutschen und die genauso fürchterlich um sich schlagenden Schweden und Niederländer haben sie nicht vernichten können.«
Es war vor allem die Stadt Palma mit ihren Avenidas, Paseos und schattigen Parks, die ihn immer aufs neue faszinierte, in der er das »ideale Arbeitsklima« fand: »Das ist die Atmosphäre der Stadt, der Hafen, das Meer, was ich brauch' zum Arbeiten. Und arbeiten kann ich nur dort, wo's mir klimatisch zuträglich ist, und hier hab' ich beides, nicht. Die Möglichkeit, meine Lunge zu versorgen und mit meinem Hirn zu machen, was dem auch entspricht, was damit zu machen ist.«
Bernhard, der sein Leben lang unter Problemen der Atemwege litt, erhoffte

sich hier Linderung. Er hatte in seiner Jackentasche immer ein Glasröhrchen mit Glycerinpillen, die er einnahm, wenn ein Erstickungsanfall ihn zu peinigen drohte, und die binnen Minuten wirkten. »Im November, wenn uns der Nebel auf die grausamste Weise unter- und niederdrückt, bin ich im offenen Hemd durch Palma gelaufen und habe tagtäglich auf der berühmten Borne im Schatten der Platanen meinen Kaffee getrunken.«
Auf Mallorca entstanden große Teile des 1982 erschienenen Romans *Beton*, der zum Teil auch hier spielt. Rudolf, der ein Buch über Mendelssohn-Bartholdy schreiben möchte, hofft, nachdem er der erdrückenden Umklammerung durch seine Schwester entkommen ist, im milden Winterklima Mallorcas die Schreibhemmung zu überwinden. Doch es kommt anders. Die Erinnerung an jene junge Frau, die er bei einem seiner früheren Aufenthalte auf Mallorca getroffen und deren Mann sich umgebracht hatte, läßt ihn

deren Geschichte aufschreiben und lenkt seine Schritte schließlich zum Cementeri Municipal (vgl. S. 49 f.), wo er auch auf ihre Betongrabstätte stößt.

Wir fahren den Passeig Maritim (Av. Gabriel Roca) weiter stadtauswärts. Kurz vor einem an der rechten Seite stehenden alten maurischen Turm biegen wir in die steil ansteigende Überführungsstraße zu den Fähren, die wir jedoch nicht links zum Hafen abfahren, sondern geradeaus weiterfahren. Sie mündet an der Av. Joan Miró, an einer doppelten Kreuzung, von der links die C/ Rafaletes abgeht, in die wir einbiegen. Die C/ Rafaletes und die parallel dazu verlaufende C/ Versalles sind die einzigen beiden vom alten Stadtteil Porto Pi übriggebliebenen Straßen.

Georges Bernanos am Schreibtisch

❷ Wohnhaus von Georges Bernanos C/ Versalles, 1 Porto Pi

In diesem kleinen Areal ist die Aura der dreißiger und vierziger Jahre durch einige noch erhalten gebliebene Häuser nachvollziehbar, wenn auch die meisten Gebäude dieses Viertels neuen Appartementhäusern und dem angrenzenden Einkaufs- und Vergnügungszentrum Porto Pi weichen mußten. So auch das Haus C/ Versalles, 1, in dem der französische Schriftsteller Georges Bernanos (1888–1948) zwischen 1934 und 1936 lebte und mit der Niederschrift des 1938 erschienenen Romans *Les grands cimetières sous la lune* (dt. *Die großen Friedhöfe unter dem Mond*, 1949) begann.

Bernanos war mit seiner Frau und seinen sechs Kindern auf die Insel gekommen, um den Roman *Journal d'un curé de campagne* (1936, dt. *Tagebuch eines Landpfarrers*, 1936) abzuschließen. In *Die großen Friedhöfe unter dem Mond* reagierte er unmittelbar auf die Ereignisse des beginnenden Bürgerkriegs. In Form einer Chronik beschreibt er die Leiden und Greueltaten, denen die Arbeiter und Bauern mit ihren Familien ausgesetzt waren, die nicht bereit waren, sich der Bewegung der Falange anzuschließen: »Ich habe in Mallorca auf der Rambla Lastwagen vorbeifahren sehen, die mit Menschen beladen waren. Mit donnerähnlichem Geräusch rollten sie an den bunten Terrassen vorbei, die frisch gewaschen und noch ganz naß waren, erfüllt von einem heiteren Jahrmarktsgemurmel. Die Wagen waren grau vom Staub der Straßen; grau waren auch die Männer, die vier und vier darin saßen, grau die Mützen, die sie schief aufs Ohr gesetzt hatten. Ihre Hände hatten sie artig vor sich auf die Drillichhosen gelegt. Man trieb sie allabendlich in den einsamen Nestern zusammen, zu der Stunde, da sie gerade vom Felde kamen.«

Dabei war Bernanos' Haltung den Falangisten gegenüber am Anfang nicht so eindeutig wie die von Albert Vigoleis Thelen. Als bekennender Katholik, der in seiner Jugend Mitglied der *Camelots du Roi*, einer rechtsgerichteten, royalistischen Organisation, gewesen war, stand er der Bewegung keineswegs ablehnend gegenüber, zumal er mit dem Marqués Alfonso de Zayas, dem späteren Territorialchef der Falange, befreundet war und Ives, sein ältester Sohn, auf der Seite der Falangisten kämpfte. Um so mehr empörten ihn der im Zeichen einer christlichen Kreuzzugsidee einsetzende Terror und die opportunistische Haltung des Klerus, der die Anwendung von Gewalt bei den Säuberungsaktionen billigte und sich mit Dankprozessionen und der feierlichen Segnung von Waffen in den Dienst der Politik stellte. Der Roman ist ein leidenschaftliches Pamphlet gegen religiösen Totalitarismus, wie er ihn im faschistischen Spanien erlebte, aber auch eine von Bitterkeit und Enttäuschung gezeichnete Auseinandersetzung mit der eigenen religiösen Gedankenwelt.

Der Titel spielt auf die über 3000 Opfer politischer Willkür auf Mallorca an: »So erhielten, bis zum Dezember, die Hohlwege der Insel rings um die Friedhöfe regelmäßig ihre tödliche Ernte Andersdenkender.« Arbeiter, Bauern, aber auch Bürger, Apotheker, Rechtsanwälte – alle waren den Säuberungsaktionen der francistischen Horden gleichermaßen ausgesetzt und wurden zunächst in Gefängnissen, in Konzentrationslagern, auf abgetakelten Schiffen oder Tag und Nacht bewachten Pontons zusammengepfercht, bis diese überfüllt waren. »Dann begann die zweite Phase, die Säuberung der Gefängnisse. Eine große Anzahl der Verdächtigen, Männer wie Frauen, fiel nämlich nicht unter das Kriegsrecht, da auch der geringste materielle Beweis fehlte, auf den ein Kriegsrecht hätte zurückgreifen können. Man begann sie also gruppenweise, je nach ihrem Heimatort, zu entlassen. Unterwegs kippte man die Ladung in den Straßengraben.«

Wie in allen Werken tritt Bernanos auch in diesem Roman für die Würde und Verantwortlichkeit des Menschen und die Entfaltung einer freien Persönlichkeit vor dem Hintergrund des christlichen Glaubens ein.

Albert Vigoleis Thelen hielt sich auf Distanz zu Georges Bernanos. »Als mich Bernanos zu einer Besprechung bat wegen der deutschen Übersetzung seines *Journal d'un curé de campagne*, sagte ich ab. Sage mir, mit wem du umgehst, und ich sage dir, was dabei herauskommt. Hätte ich damals mehr von Bernanos gekannt, hätte ich mir sagen müssen: dem gehen noch die Augen auf.«

Sie sind ihm aufgegangen. Bernanos verließ Mallorca im Februar 1937. In Frankreich schrieb er *Die großen*

Friedhöfe unter dem Mond neu, die erste Fassung war auf Mallorca verloren gegangen. Der Roman erschien im Sommer 1938 in Frankreich und wurde mit Begeisterung, zum Teil aber auch – von seinen treuen katholischen Lesern – indigniert aufgenommen. Bernanos ging im Juli 1938 nach Südamerika, was einerseits eine Flucht vor der Bedrohung durch Hitler darstellte, andererseits die Erfüllung eines Jugendtraums. Nach Kriegsende kehrte er auf Veranlassung de Gaulles nach Frankreich zurück und starb 1948 in Paris.

Wir fahren weiter stadtauswärts auf der Av. Joan Miró, die auf die Autopista de Poniente führt. Bei der nächsten Ausfahrt mit dem Hinweisschild »Fundació Pilar i Joan Miró« verlassen wir sie wieder, um auf der Av. Joan Miró auf der anderen Seite der Autopista weiterzufahren. Zunächst stoßen wir linker Hand auf den Palau de Marivent, in dem die königliche Familie während ihres Sommerurlaubs residiert und der durch überdimensional hohe Mauern vor den Blicken neugieriger Passanten abgeschirmt ist. Einige hundert Meter weiter liegt in einer Kurve ebenfalls auf der linken Seite und nicht zu übersehen das ehemalige Hotel Principe Alfonso. In dem imposanten, mit blauen Kacheln versehenen Jugendstilbau befindet sich heute ein chinesisches Restaurant.

❸ Ehemaliges Hotel Principe Alfonso
Av. Joan Miró
Cala Major

Illustre Gäste hielten sich im Principe Alfonso auf, seit es im Jahr 1906 eröffnet worden war. Einer von ihnen war Hermann Graf Keyserling (1880–1946), der nach Mallorca gekommen war, um an den philosophischen Seminaren in Formentor (vgl. S. 120 ff.) teilzunehmen. Keyserling, ein Kosmopolit und Weltreisender, der philosophische Essays schrieb und eine in intellektuellen Kreisen viel diskutierte Idee eines geeinten Europa vertrat, war eine schillernde Persönlichkeit, der Bewunderung und Ablehnung glei-

**Hermann Keyserling
mit seinem zeitweiligen Sekretär
Miquel Angel Colomar**

Das Hotel Principe Alfonso in Cala Major. Aufnahme aus den dreißiger Jahren

chermaßen erntete. Viel gelesen war sein *Reisetagebuch eines Philosophen* über eine zwischen 1911 und 1913 unternommene Reise nach Indien, Tibet, China, Japan und Amerika, in dem er für eine Verquickung asiatischer Weisheiten mit dem westlichen Denken eintritt. 1920 hatte er in Darmstadt die »Schule der Weisheit« gegründet, die bis 1930 bestand und im »Club der Dichter« im Principe Alfonso ihre Fortsetzung fand. »Subjektivität und Seele bei nordländischen und südländischen Völkern« hieß eines der Themen, über die man hier diskutierte.

Nicht nur Albert Vigoleis Thelen mokierte sich über Keyserlings Neigung zur Selbstinszenierung, sein »Schau-Denken« vor den *aficionados* der Literatur, Musik und bildenden Kunst. Das folgende Rededuell zwischen Keyserling und Harry Graf Kessler (vgl. S. 63 ff.) zum Thema *La machine comme parvenue de notre siècle*, das Thelen in dem ihm eigenen *estilo cactus*, dem »Kaktus-Stil«, schildert, der nicht frei ist von einem hämisch-süffisanten Unterton, läßt unschwer erkennen, wem Thelens Sympathie galt: »Es war einfach genial, wie er das Thema anpackte: sofort ging er in die Tiefe... Hermann gründelte nicht, er tauchte. Geheimnisse der Tiefsee, Fische mit Rückstrahler, Lanzettaugen, Leuchtquallen, Meerungeheuer mit elektrischer Hochspannung: das waren die Vorbilder der Parvenüs auf dem festen Land, ein ganzes Aquarium voll.

Langsam stieg Hermann an die Oberfläche und kroch nun als Amphibie der Weisheit weiter, einem noch genialeren Ende zu ... Der Beifall war stark, ehrlich und verdient.« Dann aber holt Kessler zum Gegenschlag aus. Er habe sich ein paar Stichworte notiert und bitte um zehn Minuten Gehör.
»Bewegung im Sälchen, Bewegung am grünen Tisch, Bewegung im rosa Hemd. Don Francisco sagte: aber bitte, Señor Conde; aus dem Publikum ertönte das Bitte in vielen Sprachen, und Hermann, Zirkusdirektor und dummer August in einer Bluse, sagte auch bitteschön und klatschte flott in die Hände.« So begann Kessler mit seiner Rede. »Stück für Stück holte Harry die Tiefseeungeheuer, Strahltiere, Medusen, Quallen an die Oberfläche, wo sie eines nach dem anderen platzten. Als das Aquarium leer war, war auch Hermann erledigt, ausgezogen bis aufs cosfarbene Hemd. Den Gnadenstoß brauchte der eine Graf dem anderen nicht zu versetzen, das besorgten die Geladenen: Sie bereiteten Conde Harry de Kessler eine donnernde Ovation, die selbst der Conde de Keyserling mit seinen Riesenpranken nicht überklatschen konnte...«
Franz Blei, der sich zur selben Zeit, wenn auch am anderen Ende der Insel aufhielt (vgl. S. 135 f.), beschrieb Hermann Keyserling als »verschmitztes Kalmückengesicht«: »Ein nach allem Sichtbaren hungriger Reisender, großgewachsen, ein nordischer Bär«, der unter »der Spannung zwischen barbarischem Temperament und mondänisiertem Intellekt« zu leiden habe. »Ich sah Keyserling vor dem spanischen Krieg in Palma wieder. Mit Hilfe einer weißen Bartflocke am Kinn hat er sich das Gesicht eines Chinesen gegeben, nicht das des Laotse, sondern das ihm auch sonst entsprechendere des Konfutse.«
Auch Llorenç Villalonga (vgl. S. 24 ff.) nahm am »Club der Dichter« im Principe Alfonso teil und berichtet darüber in seiner Zeitschrift *Brisas*: »Zum Schluß sprach der Graf von Kessler. Hier haben wir den Intellektuellen, den kühlen Kopf, von profunder Intelligenz. Hier haben wir den Deutschen. Ich bin versucht zu schreiben: den Europäer. Keyserling ist ein Kosake. Strengt uns die Aufschneiderei Keyserlings an, macht uns sein Optimismus traurig? Braucht unser abendländisches Herz ein anderes Licht?«
Hermann Graf Keyserling verließ Mallorca nach dem Beginn des Bürgerkriegs und ging nach Österreich. Er starb 1946 in Innsbruck.
Von April bis Juni 1929 wohnte D. H. Lawrence (1885–1930) mit seiner Frau Frieda im Hotel Principe Alfonso. Auch Lawrence, der an Tuberkulose erkrankt und bereits vom Tod gezeichnet war, kam auf der Suche nach einem Klima, das ihn gesund machen sollte, nach Mallorca. Im Januar 1928 hatte er die dritte und endgültige Fassung des Romans *Lady Chatterley's Lover* (dt. *Lady Chatterley*, 1930) abgeschlossen und auf eigene Kosten in Italien drucken und vertreiben lassen. Die offizielle Resonanz war niederschmetternd. Man bezichtigte ihn der Pornographie. Gleichzeitig erschienen unzählige unautorisierte Nachdrucke in Frankreich und

D. H. Lawrence (re.) mit Aldous Huxley, 1926

Amerika. Im März 1929 fuhr Lawrence nach Paris, um die Raubdrucke zu unterbinden. Anschließend begab er sich mit seiner Frau Frieda nach Mallorca – enttäuscht, ausgebrannt, ruhebedürftig.

Die Insel erinnert Lawrence an Sizilien, wenn es hier auch »nicht annähernd so schön« wie in Taormina sei. Aber er ist beeindruckt von der Ruhe, die ihm zwar langweilig erscheint, aber die »sicher bekömmlich« sei, eine Ruhe »wie vor der Geburt der Nerven«. Er spricht von der »Trance der Insel«, »einem wunderbaren Ort zum Nichtstun«. Allerdings hat diese Ruhe für ihn auch etwas von tödlicher Lethargie. Die Einheimischen erscheinen ihm »recht tot« und »häßlich«. »Ich glaube, die Spanier haben das Leben so lange abgelehnt, daß das Leben jetzt sie ablehnt, und sie sind ranzig.«

Am 17. Mai schreibt er an Aldous Huxley: »Es ist ganz schön hier – frisch und ruhig und sonnig – aber da ist ein besonderes Etwas in der Luft, eine Tödlichkeit und eine törichte, ineffektive Art von Widerstand gegenüber dem Leben, die mich so langweilt, daß ich nicht bleiben möchte.«

Am 18. Juni 1929 verlassen D. H. und Frieda Lawrence Mallorca mit dem Schiff in Richtung Marseille. Dem Dichter blieb noch ein Dreivierteljahr zu leben. Er starb am 2. März 1930 in Vence.

Einen krassen Gegensatz zu dem vom spanischen Modernismo inspirierten Hotel Principe Alfonso stellt das etwas weiter am Meer gelegene, in den vierziger Jahren errichtete Hotel Nixe Palace dar, ein nüchterner Bau, der in seiner Kolossalität alle Insignien der Architektur der Franco-Ära trägt.

❹ Hotel Nixe Palace
Av. Joan Miró, 269
Cala Major
Thomas Bernhard, der im Meliá Mallorca wohnte (vgl. S. 71 f.), liebte es, auf der über dem Meer gelegenen Terrasse des Nixe Palace zu sitzen: »Wenn ich nur daran denke, auf der Terrasse des Nixe Palace meine Oliven zu essen und mein Glas Wasser zu trinken, während ich ganz in die Beobachtung dieser Leute, die auf dieser Terrasse ihren Wünschen und Ideen anhängen wie ich, nicht versunken, sondern vernarrt bin!«

Wir fahren weiter die Av. Joan Miró entlang durch den ehemals kleinen Fischerort Cala Major, der einer der ersten für den Tourismus entdeckten Orte auf der Insel war. Die hier in den fünfziger Jahren errichteten Hotels und Appartementhäuser verströmen einen nostalgischen Charme und nehmen sich geradezu rührend aus im Vergleich zu den gigantomanischen Ansiedlungen, die in den achtziger und neunziger Jahren gebaut wurden. Wir folgen den Hinweisschildern zur Fundació Pilar i Joan Miró in der C/ Joan de Saridakis, 29.

❺ Atelier von Joan Miró und
Fundació Pilar i Joan Miró
C/ Joan de Saridakis, 29
Cala Major
Heutige Besucher, die einen Blick durch die hohen Fenster in das große, sonnendurchflutete Atelier werfen, haben den Eindruck, der Künstler sei mitten bei der Arbeit und habe den Raum eben für einen Augenblick ver-

lassen. Pinsel, Kreide, Lappen, Stifte und Farbtuben liegen verstreut umher, halbfertige Bilder lehnen an Holzböcken, Tische, Hocker und Schaukelstühle stehen ungeordnet im Raum, an den Wänden und auf dem Boden diverse Fundstücke und die Tageszeitung *La Vanguardia*, von der Decke baumelt eine überdimensionale, verschmitzt lächelnde Sonne aus Strohgeflecht.

Der katalanische Maler Joan Miró (1893–1984) erfüllte sich auf Mallorca endlich seinen Traum von einem eigenen großen Atelier. Bis dahin war er zwischen Barcelona, Paris, Montroig und anderen Orten herumgereist und hatte seine Leinwände in Kisten von einem Ort zum anderen verfrachtet. 1956 ließ er sich hier von seinem Freund, dem Architekten Josep Lluís Sert, das Atelier bauen. Nach dem Einzug verbrachte er die erste Zeit damit, den Inhalt der Kisten, die sich über die Jahre angesammelt hatten, zu sichten, zu ordnen und zu sortieren. Für ihn begann damit ein »Prozeß der Selbstkritik«: »...es war ein Schock, eine Art Gehirnwäsche. Ich verfuhr absolut gnadenlos mit mir selbst. Ich zerstörte einige Leinwände, vor allem Zeichnungen und Gouachen. Immer wenn ich mir eine Serie anschaute, legte ich einen Stapel beiseite, um ihn zu verbrennen, dann ging ich zu ihm zurück und zack, zack, zack zerstörte ich ihn. Es gab zwei oder drei große ›Reinigungen‹ dieser Art die Jahre hindurch.«

Mirós Bilder übersetzen die mediterrane Szenerie ins Poetische und kindhaft Metaphysische. »Das Licht von Mallorca ist getränkt von reinster Poe-

Joan Miró vor seinem Atelier, 1962

sie«, schreibt er, »es erinnert mich an das Licht des Orients, wo man Dinge wie durch einen Schleier betrachtet.« Miró erlebte auf Mallorca seine letzte, äußerst fruchtbare Schaffensperiode. Neben großformatigen Gemälden und der Grafik-Serie *Con.stellacions* entstanden Keramiken und Skulpturen. Nur wenige Menschen hatten zu Lebzeiten Mirós Zutritt zu seinem Atelier. Einer von ihnen war König Juan Carlos, als er Miró 1982 die Spanische Goldmedaille der Schönen Künste überreichte. »*To see him working is like seeing a bird building his nest*«, hat der Fotograf André Mason einmal

gesagt, der Miró häufig bei der Arbeit beobachtete und dessen einfühlsame Fotografien in der Fundació aufbewahrt werden.

Immer wieder brachte Miró auch in Gesprächen zum Ausdruck, wieviel ihm die Insel bedeute und wie er sich auf Mallorca verwurzelt fühle. Was nicht zuletzt daher rührt, daß seine Mutter Lola Ferrá aus Sóller stammte und er schon als Kind häufig die Ferien im Haus der Großeltern auf Mallorca verbrachte. Eine besondere Bewunderung hegte er für seinen Großvater mütterlicherseits, ein »aufrechter Mann mit einer starken Persönlich-

Joan und Pilar Miró bei der Unterzeichnung der Gründungsurkunde für die Fundació Pilar i Joan Miró

keit«. Er war Tischler, ein »hervorragender Handwerker«: »Er konnte weder lesen noch schreiben, und er brauchte das auch nicht. Ich glaube, von ihm habe ich meine Liebe zum Kunsthandwerk, zu den *Siurells*, geerbt. Als Kind habe ich gerne den sich ständig ändernden mallorquinischen Himmel betrachtet. Und des Nachts begeisterten mich die glitzernden Linien der Sternschnuppen und das Leuchten der Johanniswürmchen. Und das Meer – Tag und Nacht, immer war es blau. Hier erhielt ich als Kind die ersten Eindrücke für mein Schaffen.«

Auch seine Frau Pilar Juncosa, die er 1929 heiratete und die ihn um einige Jahre überlebte, war Mallorquinerin. Nachdem sich die Tochter Dolores mit ihrem Mann auf der Insel niedergelassen hatte, erwarben Joan und Pilar Miró 1959 von einer deutschen Baronin das 200 m oberhalb des Ateliers liegende Grundstück mit einem Landhaus aus dem 17. Jahrhundert, Son Boter. Die schwarzen Kohlestiftzeichnungen, die Miró auf die weißen Außenwände des Hauses zeichnete, sind noch heute zu bewundern: halb figurative, halb phantastische, menschliche, tierische, pflanzliche Wesen, »direkte Aussagen seines großartig einfältigen Herzens«, wie es der Kunsthistoriker Werner Haftmann einmal formulierte. Joan Miró starb hier am 25. Dezember 1983.

Die Fundació Pilar i Joan Miró wurde zwei Jahre vor dem Tod Mirós gegründet. Einige Jahre später entwarf der renommierte spanische Architekt Rafael Moneo das moderne Museums- und Verwaltungsgebäude, in das er Mirós Atelier auf kongeniale Weise integrierte. Eine architektonische Würdigung für einen großen Künstler der Insel, die allen Anforderungen an eine moderne Museumsanlage gerecht wird und doch zu allererst dazu dient, die Erinnerung an Miró auf lebendige Weise der Nachwelt zu erhalten.

Blick auf Dorf und Kartause Valldemossa

5. »Diese herrliche Autofahrt durchs Gebirge«
Von Andratx die Serra de Tramuntana entlang nach Deiá und Valldemossa

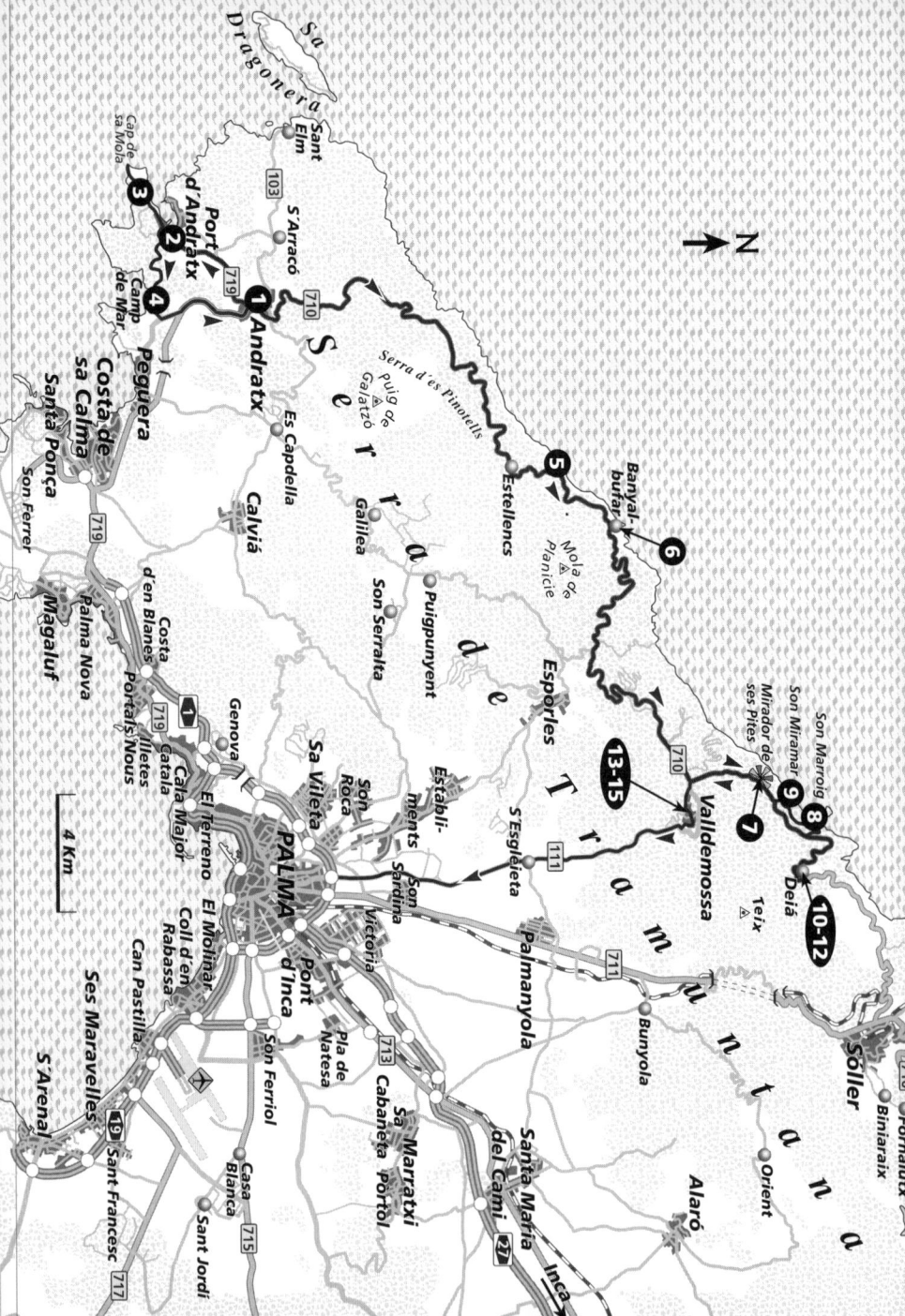

Für die wegen ihrer optischen Reize legendäre Steilküstenfahrt, die in Andratx beginnt und entlang der Küste nach Deiá und Valldemossa führt, sollte man sich viel Zeit nehmen und früh am Morgen aufbrechen. Die Fahrt beginnt in Andratx. In den »huertas« von Andratx wachsen Feigen-, Aprikosen- und Mandelbäume, die zu Beginn des Jahres, wenn sie in voller Blüte stehen, die ganze Landschaft in ein zartes Rosa tauchen, die »Calma de Enero« (»Sanftheit des Januar«). Auf der Seite zum Landesinnern erheben sich die mit Pinien, Steineichen und Mastixsträuchern bewachsenen Berghänge des Puig de Galatzó.

Der aus Andratx stammende Dichter Baltasar Porcel

❶ Andratx

In Andratx wurde 1937 der Schriftsteller Baltasar Porcel geboren. Zusammen mit Carme Riera (vgl. S. 59 ff.), Antònia Vicens (geb. 1941), Blai Bonet (1926–1998), Miquel Àngel Riera (geb. 1930), Gabriel Janer Manila (geb. 1940), Biel Mesquida (geb. 1947) und Arnau Pons (geb. 1965) gehört er zu den bedeutendsten Autoren der nach dem Bürgerkrieg aufgewachsenen Schriftstellergeneration Mallorcas. Er ist ein Vertreter des literarischen Neorealismus, der sich in Anlehnung an den italienischen Neorealismus in den fünfziger Jahren entwickelte. Porcel schrieb neben Essays Theaterstücke, Romane und Erzählungen, die ihrer Anschaulichkeit und magischen Ausstrahlung wegen gern mit dem magischen Realismus lateinamerikanischer Provenienz verglichen

werden: »Der Traktor röhrte den Eichenwald hinauf, riß mit seiner riesigen Pflugschar tiefe Wurzeln aus, umbrach die schwere, steinige, rötliche Erde. Vom Eichenwald war, in einer Ecke des breiten abgeschütteten Feldes, nur noch eine Gruppe dunkler, mächtiger Eichen übrig geblieben. Der Traktor durchfurchte es, und hinter ihm türmte sich reglos die aufgewühlte Erde in frischem Karmesinrot, fast wie Samt. Serafí, der Traktorfahrer, die Mütze schräg und einen stinkenden Tabakstummel im Mund, handhabte den Koloß mit gleichgültiger Gewandtheit.« Eine alltägliche ländliche Arbeitsszene, die jäh unterbrochen wird durch einen grausigen Fund: »Ich sprang entsetzt auf: eine Halluzination war das! Doch nein, es war keine: da waren sie, ganze Gerippe, Schädel, einzelne Schienbeine, und ragten halb aus der aufgegrabenen Erde hervor.«

In der Erzählung *El misteri de l'alzinar o l'any de la pesta* (1982, dt. *Das*

Geheimnis vom Eichenwald oder das Pestjahr, 1988) werden zwei Zeitebenen – eine Pestepidemie im Jahre 1652, bei der fast das ganze Dorf ausgerottet wurde, und die Jetztzeit – so miteinander verwoben, daß der Aberglaube deutlich wird, der noch heute das Handeln der Landbevölkerung bestimmt.

Porcel nimmt kein Blatt vor den Mund, wenn es darum geht, das Fehlen einer kulturellen Dimension und eines geistigen Überbaus im heutigen Mallorca zu bemängeln: »Der Mallorquiner ist froh, wenn er in seinem Haus ist, und das genügt ihm. Er hat kein kollektives Bewußtsein. Er hat Wurzeln, ist sehr verwurzelt, aber es gibt keinen Überbau. Er ist nicht kultiviert, insofern er kein Interesse an seiner eigenen Kultur hat, sondern nur an seinen Wurzeln.«

Die meiste Zeit lebt Porcel in Barcelona, wo er das Institut Català de la Mediterrània leitet, das sich mit den Kulturen des Mittelmeerraums und ihren Beziehungen untereinander beschäftigt. Nur zum Schreiben fiktionaler Texte kehrt er in unregelmäßigen Abständen in diese Gegend zurück.

Von 1933 bis 1936 hielt sich der Berliner Maler Werner Heldt (1904–1955) in Andratx auf. Bekannt sind seine Darstellungen der ausgestorbenen, öden Straßen des Nachkriegsberlin in einfachen exemplarischen Formeln

Werner Heldt beim Zeichnen, umringt von Jugendlichen aus Andratx

**Die Carrer de la Libertad in Andratx.
Kohlezeichnung von Werner Heldt, 1934**

wie der Brandmauer eines Hauses, einem kahlen Baum oder einem leeren Platz. Aus der Andratxer Zeit existieren Kohle- und Bleistiftzeichnungen einiger Straßenzüge von ebensolcher Eindringlichkeit und poetischen Prägnanz, die bei allem Wirklichkeitsgehalt versteckte Empfindungen und verdeckte Stimmungen aufscheinen lassen.

Heldt verließ Mallorca zu Beginn des Bürgerkriegs und ging nach Berlin zurück. Er starb 1954 auf der italienischen Mittelmeerinsel Ischia.

Wir fahren nun auf der C 719 in den drei Kilometer entfernten Hafen der Stadt, nach Port d'Andratx. Die Straße mündet direkt am Hafen.

❷ Der Hafen von Port d'Andratx

Port d'Andratx war bis in die sechziger Jahre ein beschauliches, fast ein wenig verschlafenes Fischerdorf. Zunächst kamen Segler, die die exzellente Lage des weitläufigen, windgeschützten Hafenbeckens zu schätzen wußten. Heute ist es einer der mondänsten und teuersten Ferienorte der Insel, in dem viele Prominente ihr Zweitdomizil gefunden haben. In ihrem Gefolge vereinnahmte eine internationale Schickeria den Ort. Der ausgebaute Yachthafen gilt als einer der schönsten im gesamten Mittelmeerraum.

Einer der stets wiederkehrenden Gäste in den sechziger Jahren war Peter Ustinov (geb. 1911), Schriftsteller, Schauspieler, Allroundgenie und Stimmenimitator. Seine in den Sommermonaten in der Mitte des Hafenbeckens ankernde Segelyacht »Nitschewo« bildete vor der Kulisse des Galatzò-Gebirgszuges einen besonderen optischen Reiz. Ustinov wohnte in einem bescheidenen Landhaus auf der gegenüberliegenden Seite des Hafens und liebte es, in der einzigen, von ortsansässigen Künstlern geführten Galerie Bilder zu kaufen. In dem internationalen Stimmengewirr, das schon damals im Ort herrschte, konnte es vorkommen, daß man sich über das französische Kauderwelsch Ustinovs wunderte, um kurz darauf amüsiert festzustellen, daß er nur seinen radebrechenden Gesprächspartner haargenau imitierte. In den siebziger Jahren, als sich das Fischerdorf in einen exklusiven Urlaubsort verwandelte, verlegte Ustinov die »Nitschewo« nach

Port de Pollença. Heute residiert Sir Peter Ustinov, wenn er für Segelturns auf die Insel kommt, im Hotel Formentor (vgl. S. 120 ff.).

Vielleicht laden die vielen Cafés an der modernisierten Hafenpromenade den einen oder anderen zu einer Erfrischung ein, bevor die Fahrt vom Hafen weitergeht in Richtung Cap de sa Mola, der weit ins Meer ragenden Landzunge. Da der Verkehr in Port d'Andratx mittels Einbahnstraßen geregelt wird, muß man zunächst dem ausgeschilderten Weg in Richtung Palma folgen, um am Camino de Sant Carles rechts abzubiegen.

❸ Villa von Romain Gary und Museum von Daniel Libeskind Camino de Sant Carles

An der mehrere Kilometer langen Straße, die an der Küste entlang zur Landzunge Cap de sa Mola führt, haben sich wohlhabende Ausländer seit den fünfziger Jahren prächtige Villen errichten lassen. Einer von ihnen war der französische Romancier Romain Gary (1914–1980), der mit seiner Ehefrau, der französischen Filmschauspielerin Jean Seberg, während der Sommermonate hier lebte und arbeitete. Seine auf der rechten Straßenseite (»Can Cimarro«, Nr. 30) auf den Felsen über dem Meer im Stil der fünfziger Jahre errichtete Bungalowvilla zeugt von erlesenem Geschmack und fügt sich harmonisch in den sie umgebenden Pinienhain. Noch heute erinnern sich ältere Einheimische an den großgewachsenen, attraktiven Franzosen, der Aufsehen erregte, weil er im heißesten Hochsommer mit Shorts und Cowboystiefeln im Dorf herumstolzierte. Romain Gary, der in Wilna geboren war und eigentlich Roman Karcev hieß, schrieb eine Reihe unterhaltsamer, sozialengagierter Romane. Für *Les Racines du Ciel* (»Die Wurzeln des Himmels«) erhielt er 1956 den *Prix Goncourt*. Seit dem Ende des Algerienkriegs bis in die siebziger Jahre war er für de Gaulle in diplomatischen Diensten tätig. Er nahm sich 1980 in Paris das Leben. Jean Seberg war einige Jahre zuvor gestorben. Schräg gegenüber, auf der Camino de Sant Carles, Ecke C/ Valle Luz, wird derzeit das »Studio Barbara Weil« nach Plänen des Architekten Daniel Libeskind errichtet, das im Frühjahr 2002 eröffnet wird. Ein an den Berg angelehntes architektonisches Kunstwerk, das durch Leichtigkeit besticht und in seiner kantig-schroffen Formgebung mit der mediterranen Landschaft in Dialog steht.

In den siebziger und achtziger Jahren wurde das Land zu beiden Seiten der Straße in Richtung Cap de sa Mola heftig bebaut und durch großflächig angelegte Urbanisationen zersiedelt. Aber eine Fahrt bis zum Ende der Landzunge lohnt sich. Von hier oben, wo immer ein heftiger Wind bläst, hat man einen wundervollen Blick über das Meer.

Wir fahren die Straße zurück ins Zentrum von Port d'Andratx und folgen wiederum zunächst dem Wegweiser in Richtung Palma, um an der nächsten größeren Kreuzung nach rechts in Richtung Camp de Mar abzubiegen. Camp de Mar hat heute einen Golf-

platz, mehrere Hotels und feudale Pri-
vatvillen vorzuweisen. In den dreißi-
ger Jahren gab es in der damals entle-
genen Bucht ein einziges Hotel. In ihm
wohnte Klaus Mann im Juni 1936 für
einige Wochen.

❹ Grand Hotel
Camp de Mar

Nach Abschluß des *Mephisto*-Ro-
mans 1936 reiste Klaus Mann (1906–
1949) durch Europa, bevor er im September zu einem viermonatigen Aufenthalt in die USA aufbrach. Die Ironie des Schicksals wollte es, daß er sich
im Juni 1936 einige Wochen auf Mallorca aufhielt, ohne der politischen
Katastrophe gewahr zu werden, die
sich anbahnte.

»Das Hotel ist sehr fein geführt. Publikum fast rein englisch, Nazis nicht
in Sicht«, schreibt er in einem Ge-
burtstagsbrief an seinen Vater – »Lieber Herr Zauberer hochgeehrt« – am
2. Juni 1936. Er hatte Erika und ihrer beider langjährige Freundin, die
Schweizer Schriftstellerin Annemarie
Schwarzenbach, von Klaus »Miro«
genannt, in Toulouse getroffen, um
mit ihnen gemeinsam nach Spanien
weiterzufahren. Mit dabei der holländische Verleger Fritz Landshoff, von
Klaus »Friedrich« genannt. Ihnen las
Klaus Mann abends auf der Terrasse
des Hotels in Camp de Mar einzelne
Kapitel seines *Mephisto*-Romans vor.
Also »relativ ungemein günstige Um-
stände«, wie er am 1. Juni in seinem
Tagebuch vermerkt. Trotz der Absti-
nenz, die er sich in diesen Tagen und
Wochen auferlegt hat. »Ich werde
trotzdem, sogar in den besten Stunden, ein fast physisches Gefühl von
Schmerz im Herzen nicht los: Heim-
weh nach der Vergangenheit; Entsetzen vor der Zukunft; unsagbare Sehnsucht nach dem Frieden, dem Nichts,
der Auflösung. – – – – – Ein Junge
ist hier sehr hübsch: der Sohn des Be-
sitzers, mit schönen dunklen Augen,
sieht aus wie der junge Joseph. Schaue
ihn gern an; bin aber sexuell ziemlich apathisch, wie immer in diesem
verdammten Zustand der ›Entwöh-
nung‹.«
Im Brief an seinen Vater amüsiert er
sich darüber, wie viele mehr oder weniger bekannte Deutsche ihm während

**Klaus (li.) und Erika Mann (2. von re.),
Annemarie Schwarzenbach (2. von li.)**

Erika und Klaus Mann im Spanischen Bürgerkrieg. Li.: Ludwig Renn

seines Aufenthalts hier über den Weg gelaufen sind: »Überall, wohin man kommt, ist irgend jemand, und sei es auch nur im Grabe. Das ist die Diaspora.«

Zwei Jahre später, im Juni und Juli 1938, nahm Klaus Mann als Reporter am Spanischen Bürgerkrieg teil und berichtete über die Ereignisse aus Barcelona, bevor er im September 1938 nach Amerika ins Exil ging.

Wir fahren nun von Camp de Mar auf der C 719 wieder nach Andratx. Von hier führt die Landstraße C 710 in Richtung Valldemossa und Sóller zunächst aufwärts in die Serra d'es Pinotells, sodann weiter an der Steilküste der Serra de Tramuntana entlang, von wo aus man einen herrlichen *Blick in nordwestlicher Richtung über das Meer hat.*

➎ Die Steilküste der Serra de Tramuntana

Harry Graf Kessler liebte diese »herrliche Autofahrt durchs Gebirge«, wie seinem Tagebucheintrag vom 26. April 1926 zu entnehmen ist: »Die Straße führt hoch über dem Meer am Gebirge entlang zwischen Ölbäumen, Myrten, Orangen, unten die weiße Schaumlinie der Brandung an der wild zerklüfteten Küste, und weithin Vorgebirge hinter Vorgebirge in grandiosen, großgeschwungenen Formen ins Blaue Meer vorspringend. Eines der schönsten, grandiosesten Küstenstücke, die ich gesehen habe. Noch schöner, großartiger als die Riviera oder selbst Capri. Die Weite, die gewaltigen Gebirgsformen, die Üppigkeit der Natur, die Mischung von Herbem und Lieblichem, von Gigantischem, Unermeßlichem und Intimem ist hier zu etwas ganz Paradiesischem geworden.«

Zwei Orte liegen an dieser Strecke, malerisch eingebettet zwischen Orangen- und Olivenhainen, Estellencs und Banyalbufar, dessen Name von arabisch »buniola al bahar« (kleiner Weingarten am Meer) abgeleitet ist. Die Araber waren die ersten, die an den zum Meer steil abfallenden Hängen Terrassenanlagen bauten. Bis heute sind darauf Obst- und Weinplantagen angelegt, die durch unzählige kilometerlange gemauerte Kanäle vom nahegelegenen Puig Mola de Planicie bewässert werden. In Banyalbufar begeben wir uns in das am Ortseingang gelegene Haus Sa Baronina.

Robert Creeley vor seinem Haus in Banyalbufar, 1953

➏ Sa Baronina
Wohnhaus von Robert Creeley
Banyalbufar

Hier lebte der 1926 in Arlington, Massachusetts, geborene Dichter und Schriftsteller Robert Creeley zwischen 1952 und 1957. Gemeinsam mit dem amerikanischen Autor Martin Seymour Smith, der Anfang der fünfziger Jahre nach Mallorca kam, um die Kinder von Robert Ranke Graves zu unterrichten (vgl. S. 97 ff.), gründete Creeley in der Absicht, eine Literaturzeitschrift herauszugeben, die Roebuck Press. Es kam zum Bruch, weil Creeley nicht darauf verzichten wollte,

Texte von William Carlos Williams aufzunehmen, dessen Gedichte er schätzte und dessen poetischem Imperativ *»no ideas but in things«* auch er folgte. Creeleys Gedichtband *The Kind of Act of* kam 1953 in Mallorca heraus. 1954 gründete Robert Creeley die Divers Press, in der zwischen 1954 und 1957 mehrere Hefte der gemeinsam mit Charles Olson und Robert Duncan herausgegebenen renommierten amerikanischen Zeitschrift *Black Mountain Review* erschienen.

Robert Creeley genoß die vorübergehende Zeit in den »sonnendurchfluteten, südlichen Landen« auf seine Weise und hat ihr in dem 1963 in New York herausgekommenen, Charles Olson gewidmeten Roman *The Island* (dt. *Die Insel*, 1987) ein poetisches Denkmal gesetzt:»Die Insel sitzt im Meer einige zweihundert Meilen vom Festland, entrückt, erfüllt von einem Altsein an Zeit und Ort, vielschichtig primitiv und sicher.« Der Roman ist ein Psychogramm der vier Protagonisten, die vom Autor auf die Frage hin beobachtet werden, wie weit sich durch einen Wechsel des Orts und der gesellschaftlichen Bedingungen die psychischen Dispositionen von Menschen verändern lassen: John, augenscheinlich das Alter ego des Dichters, und Joan mit ihren drei Kindern sowie Artie und Marge, die für einige Zeit aus den USA nach Mallorca übergesiedelt sind.»Tage gingen, vermischten das Meer, fanden im Bewußtsein ein ähnliches Fließen, einen Wellenschlag von Geschehen. Er konnte es nicht finden. Er sah sie alle durch das gleitende Wasser.«

Der Roman, den Ernst Jandl ins Deutsche übertragen hat, ist als breitangelegte poetische Umschreibung der Vereinzelung des menschlichen Daseins und der Brüchigkeit alltäglicher zwischenmenschlicher Beziehungen vor allem sprachlich interessant. Der Ich-Erzähler sucht sich seiner selbst zu vergewissern, gerade indem er die Ebene von erlebendem Subjekt und erlebter Objektwelt permanent ineinander verschmelzen läßt. Das Wort ist nicht repräsentativ für einen zu beschreibenden Akt, sondern *ist* dieser Artikulationsakt.

»In der Nacht, als er fuhr, echoten Geräusche, einige schreiend, einige wieder das Meer, und der riesige Fisch hob sich und fiel zurück. Das Wasser wusch darüber. Aus diesem, auch, kamen plötzlich scharfe Schreie anderer Art, zuweilen ein Wimmern nur, verwischt durch den Wald, das Echo der Reifen des Autos laufend auf dem festgepreßten Lehm. Das Meer, als er an dieses kam, war zerschnitten von einem Fleck zersplitterten Lichts, der Mond klar darüber, die Berge in der Finsternis. Er sah ein zersplittertes weißes Gesicht verwischt vom sich verschiebenden Wasser, ein schmerzhaftes Ding.« Immer wieder zieht es den Protagonisten ans Meer:»Also ging er an Tagen allein an den Strand, und lag flach auf den Felsen beim tiefen Wasser, nachdenkend, die Sonne schwer auf ihm, flach, brennend. Er wollte eine Klarheit, etwas abstrahiert vom betäubenden Sog der Beziehungen, all der Fakten und Formeln von Leuten und ihren Zeiten und Orten. Die Sonne machte ihn matt, das Wasser kühlte und trug ihn, und die Zeit schritt fort.«

Von Banyalbufar führt die kurvenreiche Straße C710 von der Küste ins Gebirge. Wir lassen vorerst die Abfahrt nach Valldemossa, von wo aus man schnell zurück nach Palma gelangt, rechts liegen und fahren weiter in Richtung Deiá. Im Falle einer Rundfahrt kann man jetzt nach Valldemossa abbiegen, danach über San Marroig nach Deiá und von dort über Sóller nach Pollença (6.) fahren. Auf der Weiterfahrt nach Deiá gelangen wir zunächst zum vielbesuchten Aussichtsturm Mirador de ses Pites.

➐ Mirador de ses Pites

Von hier aus hat man einen herrlichen Blick über das Meer. »Schaut man vom Mirador, so entringt sich ein Ruf der Überraschung jeder Brust, wenn man die schwindelnde Tiefe bis zum Meer übersieht, wo die Fischerboote wie kleine Bojen erscheinen und Felsspitze auf Felsspitze, Vorgebirge auf Vorgebirge, von der sphinxartigen Foradada bis zur Punta de S'Aliga von Banalbufar folgt. Mastixsträucher und wilde Olivenbäume umsäumen diese Felsenwarte und den Rand des Abgrundes, wo alle wildwachsenden Bäume und Sträucher nebeneinander grünen, von dem Taxus baddata und Acer opalus der höchsten Bergspitzen bis zum Tamarisk und der Sivine der sumpfigen Sandufer, dem goldblättrigen Hypericum Balearicum und dem tiefgrünen Buxus Balearica, der Strohblume der Felsenküste am brandenden Strande und den zahlreichen buntblühenden Cistusarten«, so beschreibt der österreichische Erzherzog Ludwig Salvator in *Die Balearen in Wort und Bild geschildert* die Aussicht vom Mirador de ses Pites.

Wir fahren nun in Richtung Deiá weiter, vorbei an den Ländereien, die einstmals Ludwig Salvator gehörten, S'Estaca, Son Miramar und Son Marroig. Letzteres ist heute Museum und ein beliebtes Ausflugsziel. Zufahrt und Parkplatz von Son Marroig liegen auf der linken Seite der Straße.

➑ Son Marroig
Anwesen des Erzherzogs
Ludwig Salvator

Der österreichische Erzherzog Ludwig Salvator (1847–1915), Sproß der toskanischen Linie des Hauses Habsburg-Lothringen, landete im Sommer 1867 mit seinem Dampfschiff »Nixe«, mit dem er ausgedehnte Forschungsreisen nach Amerika, Asien und Ägypten unternahm, zum erstenmal auf Mallorca, das bis zu seinem Lebensende sein bevorzugter Aufenthaltsort werden sollte. Manche sehen in dem als vierter Sohn des Großherzogs Leopold II. von Toskana und der Erzherzogin Maria Antonietta in Florenz geborenen Aristokraten – Neffe des österreichischen Kaisers Franz Josef und Cousin von Kaiserin Elisabeth –, der es wagte, aus der höfischen Etikette auszusteigen, den Urvater des Tourismus. Vor allem aber hat er sich um die Natur und die Kultur der Insel verdient gemacht. Er kultivierte nicht nur das urwüchsige, felsige Waldgebiet an der Westküste der Insel, legte Wanderwege an und lebte über vierzig Jahre in freundlichem Einvernehmen mit der einheimischen Landbevölkerung, die ihn verehrte und liebte.

Als begeisterter Forscher, Sammler und Naturkundler verfaßte er auch Bücher, die bis heute wegen ihres peniblen Kenntnis- und Detailreichtums geschätzt werden. Das neunbändige, teilweise illustrierte Kompendium *Die Balearen in Wort und Bild geschildert*, das auf der Pariser Weltausstellung 1889 mit einer Goldmedaille ausgezeichnet wurde, ist bis heute die umfassendste Enzyklopädie über Leben,

Erzherzog Ludwig Salvator, der *Arxiduc*, im Kreis seiner Arbeiter während eines Besuchs von Königin Isabella

Natur und Kultur Mallorcas und liegt in einer dreibändigen Neuauflage vor. Ein Buch, in dem man sich blätternd, schauend, lesend regelrecht verlieren kann, auch wenn aus heutiger Sicht manches von dem, was da berichtet wird, antiquiert und unglaubwürdig klingt: »Für die Unterkunft ist auf Mallorca wenig gesorgt. Der Fremdenzufluß ist ein äußerst geringer: Landleute kehren bei Bekannten ein und reichere Herren in ihren Posadas oder in jenen von Bekannten… Selbst in Palma gibt es keine Hotels im eigentlichen Sinne des Wortes, es existieren nur Casas de Huespedes; die viel zu wünschen übrig lassen, einige Gasthäuser unter dem bescheidenen Namen Casas de Pupilos (Pensionen) und Pensionen bei Privatpersonen.« Der Arxiduc sammelte auch die mündlich tradierten Legenden, Sagen und Märchen und faßte 450 dieser Geschichten unter dem Titel *Rondayes de Mallorca* zusammen.

Am Wiener Hof lästerte man über den Außenseiter und Nonkonformisten »Don Balearo«. Die einzige, die ihm Verständnis entgegenbrachte, war seine Cousine, die Kaiserin Sissy, die ihn zweimal auf Mallorca besuchte. Er mied die Inselaristokratie und haßte technische Errungenschaften, Autos und Elektrizität. In seiner im mallorquinischen Stil errichteten Finca Son Marroig führte er im Kreise der ländlichen Bevölkerung ein freies, unbekümmertes Leben, ähnlich wie ein Patriarch im Kreise einer großen Familie. Es geht das Gerücht, daß er Knechte, Mägde und Kinder zur Mittagszeit durch ein Pfeifsignal zum gemeinsamen Mahl zusammenrief.

Noch heute rühmt sich mancher, ein später Nachfahre des Arxiduc zu sein. Dabei galten seine erotischen Neigun-

gen keineswegs nur den jungen Land-
arbeiterinnen, sondern auch ihren
männlichen Kollegen. Promiskuität,
Homosexualität oder Impotenz – das
sexuelle Leben des Arxiduc ist ein Kapitel, das die ansässigen Historiker
noch heute zu immer neuen Spekulationen anregt.

Eine aber ragt aus dem Kreis der ihn
Verehrenden und Umsorgenden heraus: Catalina Homar, seine Lebens-
und zeitweise auch Reisegefährtin,
eine Tischlerstochter aus Valldemossa.
Ihr ließ er ein Gutshaus im maurischen
Stil bauen, das benachbarte S'Estaca,
das heute im Privatbesitz des Schau-
spielers Michael Douglas und für Publikum nicht zugänglich ist. Catalina

Homar starb im April 1905 an Lepra,
die sie sich auf ihrer einzigen gemeinsamen Reise ins Heilige Land zugezo-
gen hatte.

Ludwig Salvator kehrte auf Anord-
nung des Kaisers bei Ausbruch des Ersten Weltkriegs nach Wien zurück und
starb 1915 auf dem väterlichen Gut
Brandeis in Böhmen. Seinen gesamten
Besitz vererbte er seinem mallorquinischen Sekretär Antoni Vives.

Son Marroig mit seinen mit kostbaren
Möbeln und vielen Erinnerungsstük-
ken des Erzherzogs ausgestatteten,
Kühle spendenden Räumen ist das
ganze Jahr über geöffnet. Schon beim
Eintritt in das aus dem 16. Jahrhundert stammende Herrenhaus umfängt

Blick in die Berge der Serra de Tramuntana. Abbildung aus
Die Balearen in Wort und Bild geschildert von Erzherzog Ludwig Salvator

Catalina Homar (Mitte) mit zwei Arbeiterinnen

den Besucher die nostalgische Aura, die von der eigenwilligen Mischung aus mediterraner und k. u. k.-Wohnkultur ausgeht. Wunderschön auch die dekorativ gekachelte, mit unzähligen Krügen, Töpfen und altmodischen Gerätschaften ausgestattete Küche. Von der mit fünf Bögen eingefaßten Loggia auf der dem Meer zugewandten Seite des Hauses erblickt man den grazilen weißen Marmorpavillon im Garten und weiter unten im Meer den schroff herausragenden Felsvorsprung La Foradada, »die Durchlöcherte«, der mit seinem 18 m großen Loch immer wieder die Phantasie der Maler und Künstler angeregt hat. »Sphinxhaft« nannte der Arxiduc den Felsen, »das am Meere weit sichtbare Kennzeichen meiner Einsiedelei«. Auch der um das Haus angelegte parkähnliche Garten mit seinen Blumenrabatten, Beeten und ehrwürdigen Bäumen lädt zu einem Spaziergang ein. Im Sommer finden abends auf der Terrasse des Hauses öffentliche Konzerte statt.

Ein Privatweg führt von Son Marroig zu einem weiteren Anwesen des Erzherzogs, Son Miramar, das heute einer privaten Stiftung gehört.

❾ Son Miramar

1276 gründete Ramon Llull (vgl. S. 19 ff.) hier eine Missionsschule für orientalische Sprachen, in der 13 Franziskaner Sprach- und Missionsstudien betrieben, um sich auf die Bekehrung der Araber zum Christentum in Spanien und Nordafrika vorzubereiten. Er selbst war in der Lage, Arabisch besser zu sprechen und zu schreiben als Latein. Und doch kommt es in dieser Zeit zu einem Disput mit seinem maurischen Arabischlehrer, der für Llull von nachhaltiger Wirkung sein sollte. Als der Lehrer im Streit zum Messer greift, gelingt es Llull, ihn zu überwältigen und in eine Zelle zu sperren, in der sich der Muslim kurz darauf erhängt – ein Ereignis, das Llull einmal mehr davon überzeugt, daß nicht Gewalt, sondern allein Respekt und Freundschaft geeignet sind, bestehende dogmatische Differenzen zu überbrücken.

1876 nutzte die *Escuela Mallorquina* den 600. Jahrestag der Gründung der Missionsschule, um in einem Kolloquium an dieses Ereignis zu erinnern, nicht ohne sich selbst gebührend zu feiern. Vier Jahre später, 1880, ging das Gebäude in den Besitz des Erzherzogs über, der es umbauen ließ und als Wochenend- und Jagdsitz nutzte. Von der einstigen Klosterschulanlage blieb nur die Kapelle erhalten. Alles andere wurde im Stil der Zeit umgebaut.

Ramon Llull im Disput mit einem Moslem.
Aus einem zeitgenössischen Breviculum

Son Miramar, das insgesamt leichter und eleganter wirkt als Son Marroig, ist eine Komposition aus Marmor und Marès, wobei der helle Sandstein ihm ein eher einfaches, bäuerlich-ländliches Gepräge gibt. Harry Graf Kessler wunderte sich über die Bescheidenheit dieses Landhauses inmitten von Gärten und Pflanzungen, die noch zudem als landwirtschaftlicher Nutzbetrieb angelegt sind, und »daß der herrlichen Landschaft allein für Schönheit zu sorgen überlassen ist« und nicht versucht wird, »ihr Konkurrenz zu machen«: »Man bekommt Respekt vor diesem hohen Herrn, der so geschmackvoll und vernünftig hier einen wirklichen fürstlichen Besitz geschaffen und verwaltet hat.«

Nur eines hebt sich in seinem artifiziellen Fin de siècle-Habitus von dieser Einfachheit ab: Das marmorne Denkmal für den jung verstorbenen Sekretär des Arxiduc, Bratislav Vivorni, der der Überlieferung nach 1877 bei einer hochsommerlichen Schiffahrt von Miramar nach Palma einem Sonnenstich erlag. Sein Leichnam wurde mit der »Nixe« nach Triest gebracht, von dort im Zug über Wien nach Prag, dann mit der Kutsche nach Gutenberg, wo Bratislav Vivorni 1853 geboren war. Das 1897 vollendete Memorial trägt die Inschrift *Amigo del alma* (»Seelenfreund«), und gibt in seiner makellosen Feierlichkeit Anlaß zu allerlei Spekulationen über das Verhältnis zwischen dem Arxiduc und Bratislav Vivorni.

Der von der Nachbarinsel Menorca stammende Dichter Mario Verdaguer verfaßte 1926 den Roman *La Isla de Oro* (»Die goldene Insel«), in dessen Zentrum der Erzherzog und sein »Fürstentum« Miramar stehen, ein zwischen Biographie, Familienroman und surrealer Fiktion angesiedelter Roman über das Leben des legendären Erzherzogs im Kreise einiger elegisch-sentimentalischer Frauengestalten.

Zurückgekehrt in die Profanität der modernen Autostraße, folgen wir den Kurven und Windungen der Landstraße C 710 bis Deià, dem kleinen Bergdorf am Fuße des Teix, dessen steile Straßen für Busse nur schwer zugänglich sind. Dieses gedrungene, mitten in Pinien- und Korkeichenwäldern gelegene Dorf, das bereits in Dantes »Göttlicher Komödie« erwähnt wird – es ist der Aufenthaltsort der Visconti –, war schon im 19. Jahrhundert ein Anziehungspunkt für extravagante Fremdlinge und Freidenker, die hier ihre persönliche Lebensphilosophie zu verwirklichen trachteten. In der ersten Hälfte des 20. Jahrhunderts wurde es zu einem Mekka für Dichter, Künstler und Bohemiens. Zu seiner Popularität hat nicht zuletzt der englische Dichter und Schriftsteller Robert Ranke Graves beigetragen, dessen an einem Südhang gelegenes Haus in der Carretera Sóller, 6 noch heute von seiner Witwe Beryl Pritchard und dem Sohn Joan bewohnt wird.

⑩ Ca'N Alluny
Haus von Robert Ranke Graves
Carretera Sóller, 6, Deiá

Die Bewohner von Deiá erinnern sich an Robert Ranke Graves (1895–1985), als sei er einer der Ihren gewesen. Und das war er auch geworden im Laufe der vielen Jahre, die er in Deiá gelebt hat. Das erste Mal war er 1929, kurz nachdem seine Antikriegs-Autobiographie *Good-bye to All That* (dt. *Strich drunter*, 1930) erschienen war, mit der amerikanischen Schriftstellerin Laura Riding, einer »herrischen Exzentrikerin, die in eigenartigen Kleidern herumlief«, seiner neuen Lebensgefährtin, nach Deiá gekommen. Gerade hatte er sich aus seiner ersten Ehe mit Nancy Nicholson gelöst, aus der

vier Kinder hervorgingen. Es war Gertrude Stein gewesen, die ihm, als er auf der Suche nach einer Bleibe am Mittelmeer war, Mallorca mit den Worten empfahl: »Es ist ein Paradies, wenn du es aushalten kannst.«

Er baute ein Haus in Deiá, das er »Ca'N Alluny« nannte, was soviel heißt wie »das abgelegene Haus« – es liegt auch tatsächlich abgelegen, an einem Südhang –, und blieb bis 1936, bis zum Ausbruch des Bürgerkriegs. Zeitweise war Albert Vigoleis Thelen sein Schreiber und Sekretär. In dieser Zeit entstand sein wohl bekanntester Roman *Claudius* (dt. *Ich, Claudius, Kaiser und Gott*, 1934). Der große Erfolg des Romans erlaubte es ihm, die auf dem Haus ruhenden Hypotheken

Robert Ranke Graves (re.) vor der Ca'N Alluny in den dreißiger Jahren.
Unter dem Kreuzchen: Laura Riding, 2. v. re.: Karl Goldschmidt, Graves' Sekretär

Robert Graves (re.) zusammen mit Martin Amis, Hilly Amis, Tomás Graves, Kingsley Amis (von li. nach re.), Estellencs, 1963

schneller abzubezahlen, als er erwartet hatte. Sein eigentliches schriftstellerisches Interesse aber, so betont seine Witwe Beryl Pritchard, galt der Lyrik, und so arbeitet sie trotz ihres hohen Alters an einer Edition seiner Gedichte.

1946 kehrte Robert Graves in einem kleinen *air taxi*, dem ersten zivilen Flugzeug, das nach dem Bürgerkrieg auf dem damaligen Flughafen Son Bonet landen durfte, mit seiner zweiten Ehefrau, Beryl Pritchard, in seine Wahlheimat zurück. Vier Kinder aus dieser Ehe wuchsen in Deiá und Palma auf, denn um ihnen eine ordentliche Schulbildung zu ermöglichen, wurde zusätzlich eine Wohnung in Palma gemietet. Das Ca'N Alluny aber wurde

in den folgenden Jahrzehnten zu einem Anziehungspunkt für Schriftsteller und Künstler aus der ganzen Welt, die von der Radikalität von Graves' Lebensweise beeindruckt und an dem Werk des Poeten, Gelehrten und Romanciers interessiert waren. Zu den vielen Besuchern, die in Graves' Haus in Deiá kamen, gehörten Alan Silitoe, Kingsley Amis, Gabriel García Márquez und Anthony Burgess – um nur einige zu nennen. Alec Guinness besuchte ihn, um mit ihm über die Verfilmung des *Claudius*-Romans zu sprechen.

Robert Graves spielte im kulturellen und intellektuellen Leben der Insel eine wichtige vermittelnde Rolle. Selbstverständlich nahm er an den von

Camilo José Cela im Hotel Formentor veranstalteten *Coloquios internacionales sobre novela* (vgl. S. 120 ff.) teil. In vielen Gedichten und Geschichten hat er das Leben im Dorf, auf dem Lande und in Palma festgehalten. Sie beruhen auf genauen Beobachtungen und zeugen vom Gespür des Autors für die in den sechziger Jahren beginnenden sozialen und wirtschaftlichen Umbrüche, die für die Einheimischen tiefe Einschnitte bedeuteten. Graves stand den mit dem wachsenden Tourismus einhergehenden zivilisatorischen und kulturellen Veränderungen, denen die Landbevölkerung teilweise hilflos ausgesetzt war, skeptisch gegenüber und sah viele der kommenden Probleme voraus.

Robert Graves (li.) im Gespräch mit Alec Guinness über die Verfilmung des Romans *Ich, Claudius, Kaiser und Gott*

Ob es sich um überalterte Unterrichtsmethoden in der Nonnenschule – Tochter Lucia Graves erinnert sich, daß die Kinder auf dem Schulhof immerfort herumrennen und Krach machen mußten, damit die Nonnen nicht annahmen, sie seien krank – oder den alljährlich zur Unterstützung der Missionierung Chinas begangenen Chinatag handelt, an dem sich die Schulkinder Schlitzaugen malten und mit orientalischen Gewändern verkleideten, um Rituale beim Stierkampf oder das legendäre *pa amb oli*, die ländliche, aus Weißbrot, Olivenöl, Knoblauch und Tomate bestehende Stulle, der in der Luxusvariante ein Stückchen Wurst oder Käse beigelegt ist – der humorige, dabei immer auch anteilnehmende Ton, in dem Graves seine Beobachtungen und Erlebnisse darstellt, macht seine im Laufe der Jahre entstandenen, unter dem Titel *Majorca Observed* (dt. *Geschichten aus dem anderen Mallorca*, 1998) zusammengefaßten Geschichten zu einer vergnüglichen Lektüre, nicht nur für die Ferien: »Mallorca war einmal die Insel mit der geringsten Kriminalität Europas. Als ich nach dem Ende des zweiten Weltkriegs mit meiner Familie hierher kam, hätte man eine Handtasche an einen Baum hängen und den Inhalt drei Monate später noch unversehrt vorfinden können. Es sei denn, jemand, der dringend Wechselgeld brauchte, hätte die kleineren Scheine gegen große getauscht.« »Don Roberto«, wie ihn die Einheimischen nannten, starb 1985 im Alter von neunzig Jahren in Deià. 1969 war er zum ersten und bis jetzt einzigen

»Adoptivsohn« des Dorfes ernannt worden. Auf seine Grabstätte auf dem Friedhof von Deiá verweist eine bescheidene Gedenktafel mit der Aufschrift »Robert Graves, Poeta«.

Vom Dorfkern schlagen wir den Weg in Richtung Plaça d'Es Puig ein.

⓫ Hotel d'Es Puig
C/ d'Es Puig
Deiá

Das schöne, mit vielen Insignien des Modernismo ausgestattete Hotel wurde 1917 eröffnet und war lange Zeit das einzige Hotel im Ort. In den zwanziger Jahren war Anaïs Nin (1903 – 1977), die 1924 von New York nach Paris übergesiedelt war, Gast in diesem Haus. Sie liebte es, morgens den steinigen Weg zu der kleinen Bucht hinunterzureiten und in dem klaren, silbrig schimmernden Wasser ein Bad zu nehmen.

Jahre später erinnert sie sich daran und schreibt die Erzählung *Mallorca*, an der Llorenç Villalonga (vgl. S. 24 ff.) seine stille Genugtuung hätte haben können, wird doch darin seine viele Jahre zuvor geäußerte Befürchtung über den latenten Verfall der Sitten durch den zersetzenden Einfluß amerikanischer Nudisten aufs anschaulichste bestätigt.

Maria ist eine jener mallorquinischen Frauen, die »in der Regel sehr abweisend, puritanisch und strenggläubig« waren und, wie es damals üblich war, in »langen Badekleidern« und »den

Robert Graves in seinen letzten Lebensjahren in Deiá

schwarzen Strümpfen unserer Groß-
mütter« badeten, Evelyn dagegen eine
jener »ungenierten« Amerikanerinnen, »die sich bei dem kleinsten Anlaß
völlig entblößten und nackt wie die
Heiden in der Sonne lagen«. Mit Raf-
finement und Delikatesse, wie man es
von Anaïs Nin nicht anders erwartet,
verführt Evelyn Maria, ihre weißen
Kleider abzulegen und zu ihr ins Wasser zu kommen, wo sogleich ein weiterer Gespiele aus den Fluten auftaucht.
Maria gefallen die aquarinen Liebes-
spiele mit dem jungen Mann, der ihr
wie zufällig zwischen die Beine gespült
wird, so gut, daß sie immer wieder
zurückkehrt. Was für Villalonga ein
Beweis sein dürfte, daß schlechte Einflüsse auch die besten Sitten verderben.

Die Geschichte entstand viele Jahre
später im Zusammenhang mit jenen
poetisch-pornographischen Erzählungen, die Anaïs Nin nach ihrer Rückkehr nach New York Anfang der vierziger Jahre auf Anregung von Henry
Miller schrieb. »Jeden Morgen nach
dem Frühstück setze ich mich hin und
schreibe mein Tagessoll an Erotika«,
notierte sie 1940 ins Tagebuch. Miller
hatte von einem Privatsammler den
Auftrag angenommen, für 100 Dollar
monatlich erotische Geschichten zu
schreiben, und gab, als es ihm lästig
wurde, den Auftrag an Anaïs Nin weiter. Als Buch erschienen diese Erzählungen erst 1977 unter dem Titel *Delta
of Venus* (dt. *Das Delta der Venus*,
1978), eine Station auf dem Weg zu
Anaïs Nins Weltruhm, der sich erst
relativ spät in ihrem Leben einstellte.

Anaïs Nin in den dreißiger Jahren

⓬ Haus von Djuna Barnes
Deiá

Auch Djuna Barnes (1892–1982)
wohnte während eines Aufenthalts im
Jahr 1925 in Deiá. Die in New York
geborene Schriftstellerin und Journalistin bereiste in den zwanziger Jahren
europäische Metropolen und veröf-
fentlichte ihre Reiseberichte in Ma-
gazinen wie *Vanity Fair*, *Charme* und
New Yorker. Elegant, ein wenig hoch-

**Djuna Barnes und Nathalie Barney
kurz vor Djuna Barnes' Überfahrt
nach Mallorca, 1925**

direkt aus Rom, weil Luigi Pirandello
in einem Interview mit ihr von den
»glücklichen Inseln« geschwärmt
hatte, »*supposed to be divine in winter & very inexpensive*« (»die göttlich
sein sollen im Winter und sehr billig«).
Am 7. November 1925 schrieb sie an
die in Paris lebende amerikanische
Schriftstellerin Nathalie Barney, in deren Salon in der Rue Jacob Djuna Barnes ein und aus ging: »Ich habe ein
Haus gefunden, viel zu groß, das muß
ich zugeben, zu einem günstigen Preis,
hier in Deya, ein bezaubernder Ort in
den Bergen – das Wetter ist meistens
schön – Ausblick aufs Meer von meinem Balkon – und Oliven, die wie Regen fallen. Die Überfahrt war unangenehm – sehr lang – aber hier ist es
friedlich.«
Mit dem bezaubernden Frieden war
es indessen bald vorbei, als flutartige
Regen- und Gewitterstürme, die die
Gegend im Winter heimsuchen, ihren
Nerven erheblich zusetzten: »Meine
Nerven sind dem Blitz nicht gewachsen, wenn er sich zwischen den Bergen
verfängt und nicht weiß, wie er entkommen soll. . .« Noch im selben Winter verließ Djuna Barnes die Insel.
*Nun fahren wir die Straße C 710 zurück und biegen links nach Valldemossa ab. Die hier zu beiden Seiten
der Straße stehenden Olivenbäume
sind wegen ihres hohen Alters und
der eigenwilligen Strukturen ihrer
Stämme berühmt. Es empfiehlt sich,
auf dem großen Parkplatz am Ortseingang zu parken, von wo aus man
in den oberen Teil des Dorfes gelangt.
Folgt man dem Besucherstrom entlang
der von »Tiendas« und Souvenirläden*

mütig und erfahren im »*continental
chic*« und der »*old world sophistication*«, wie sie war, setzte sie sich von
den amerikanischen Touristen ab. In
Paris gehörte sie zum engsten Freundeskreis von Gertrude Stein.
Nach Mallorca kam sie mit ihrer
langjährigen Freundin Thelma Wood,

gesäumten Hauptstraße, so gelangt man zur Kartause von Valldemossa, in der George Sand und Frédéric Chopin ihren legendären »Winter auf Mallorca« verbrachten.

⓭ Die Kartause von Valldemossa

Ursprünglich als Sommerresidenz der mallorquinischen Könige errichtet, diente die Cartuja de Jesús Nazareno von 1349 bis 1835, als im Zuge der Säkularisierung alle Mönchsorden aufgehoben wurden, den Kartäusern als Kloster. Aus dieser Zeit stammen die üppig bepflanzten Terrassengärten am Südhang des Klosters. Nach 1835 verwandelte die Regierung die Mönchszellen in Wohnungen und vermietete sie.

Am 15. Dezember 1838 kamen George Sand mit ihren beiden Kindern Maurice und Solange und Frédéric Chopin in die »verlassene, halb verfallene Kartause«. Sie mieteten drei Zimmer im nach Süden gelegenen Teil der Kartause, wo sie sich notdürftig einrichteten. Das Mobiliar war primitiv, als Heizung diente ein rauchender, übelriechender Ofen. Aus dem herrschaftlichen Landsitz Son Vent bei Establiments waren sie hinausgeworfen worden, nachdem bekannt geworden war, daß Chopin an Tbc litt (vgl. S. 40 ff.).

Aber auch in ihrer neuen Bleibe sieht sich das Paar allerlei Unbill ausgesetzt. Kälte und Feuchtigkeit setzen vor allem dem vor sich hin kränkelnden Chopin zu, der zudem, wie George Sand in *Histoire de ma vie* (1854/55,

dt. *Geschichte meines Lebens*, 1855) schreibt, Bequemlichkeiten liebte und jede Entbehrung abscheulich fand: »So wurde unser Aufenthalt in Valldemossa eine Pein für ihn und eine Qual für mich.« Das nach ihrer Rückkehr nach Paris geschriebene, 1842 erschienene Buch *Un hiver à Majorque* (dt. *Ein Winter auf Mallorca*, 1847), mit dem George Sand ursprünglich ihren Zeitgenossen Informationen über Geographie und Geschichte der Insel

George Sand. Gemälde von Auguste Charpentier

Eingang zur Kartause von Valldemossa.
Zeichnung von Maurice Sand

geben wollte, gerät aufgrund der vielen zwiespältigen Erlebnisse zu einem sehr persönlichen Brevier.

Der in den Pariser Salons gefeierte Komponist und die berühmt-berüchtigte Schriftstellerin stießen in der ländlichen Umgebung auf Mißverständnis und Mißgunst. Den Einheimischen mißfiel die offen im Konkubinat mit Chopin lebende Schriftstellerin, die in Hosen herumlief, Zigarren rauchte und nächtens an ihrem Roman *Spiridion* schrieb, die ihre Kinder sich raufen und balgen, frei in der Natur herumstreunen, aber nicht die Messe besuchen ließ. Die Kluft zwischen den abergläubischen, fortschrittsfeindlichen Bauern und der gebildeten, kultivierten Pariserin war tief. Sie mokiert sich über das »Fehlen einer geistigen Atmosphäre«, verhöhnt das bäuerliche einfache Leben und macht aus ihrer Aversion gegen die bigotte Religiosität, Ängstlichkeit und Hartherzigkeit der Dorfbewohner kein Hehl: »Es gibt nichts Erbarmlicheres und Elenderes auf der Welt als diesen Bauern, der nur beten, singen und arbeiten kann und niemals denkt.«

Die Primitivität der Lebens- und Wohnverhältnisse, die sie in der Kartause vorfanden, erschienen ihr unannehmbar: »Will man sich den ungeheuren Luxus eines Nachttopfs erlauben, muß man nach Barcelona schreiben.« Den Einheimischen wirft sie nicht nur vor, sich gegen Fremde abzukapseln und wenig gastfreundlich zu sein. Sie mokiert sich auch über Müßiggang und Trägheit der Bauern, die so groß seien, daß es nicht verwundere, wenn

Frédéric Chopin. Zeichnung von George Sand

sie es zu nichts brächten. Sie verstünden weder Ochsen zu mästen, noch die Wolle der Schafe zu gebrauchen, weder Kühe zu halten, noch einen vernünftigen Getreideertrag zu erzielen. Ganz zu schweigen von der Seidenraupenzucht, für die das Klima im Sommer hervorragend geeignet wäre. Aus all diesen Gründen seien die Mallorquiner schließlich auf das Schwein gekommen, resümiert die erbitterte Chronistin: »So vegetierten die Mallorcaner nur noch, und hatten nichts mehr zu tun, als ihren Rosenkranz abzuleiern und ihre Schuhe zu flicken, welche in noch schlimmerem Zustande waren als bei Don Quixote, ihrem Ebenbilde in Beziehung auf Armut und Stolz. Da ward auf einmal das Schwein ihr Retter. Die Ausfuhr dieses Tieres ward erlaubt, und damit begann eine neue Ära, die Ära des Heils. Nun fahren keine Oliven und

Chopins »Zelle« in der Kartause von Valldemossa mit Klavier

kein Johannisbrot mehr auf dem Boden umher, die Kaktusfeige dient den Kindern nicht mehr zum Spielball, und die Hausmütter lernen mit Bohnen und Bataten sparsam umgehen. Das Schwein läßt nichts verderben und gibt das schönste Beispiel einer edlen Gefräßigkeit, verbunden mit Einfachheit in Geschmack und Sitten.«

Ein Buch »voll Galle und Bitternis« nannte Santiago Rusiñol George Sands Mallorca-Brevier. Fast ein halbes Jahrhundert später attackierte er Madame Dudevant – so ihr bürgerlicher Name –, die, »nur halb kuriert von ihrer letzten Affäre, das Hirn voll von den Beschreibungen eines von Rousseau entzündeten und von den Romantikern falsch verstandener Naturschwärmerei propagierten Natura

lismus«, aus realitätsferner Sicht und mit der Arroganz der Städterin urteile. Der Dichter Miquel dels Sants Oliver dagegen versucht einzulenken, indem er die Haltung der Mallorquiner gegenüber der extrovertierten Städterin mit der Art vergleicht, wie Maxim Gorki 1906 in Begleitung einer berühmten Schauspielerin in New York empfangen wurde. Die New Yorker seien noch abweisender gewesen, die »gute Gesellschaft« habe sich dem Dichter gänzlich verschlossen.

Der Magie der malerischen Landschaft und der geheimnisvollen Aura alter Olivenbäume kann sich auch George Sand nicht verschließen: »Beim abendlichen Spaziergang muß man sich immer wieder ins Gedächtnis zurückrufen, daß es Bäume sind. Traute man nämlich seiner Einbildung, würde einen inmitten dieser wunderlichen Unholde das Grauen packen: manche krümmen sich wie mächtige Drachen mit aufgerissenem Maul und gespreizten Flügeln; andere sind in sich selbst verschlungen wie schlafende Riesenschlangen; wieder andere umklammern sich wie zyklopische Ringkämpfer. Bald entführt ein galoppierender Zentaur eine häßliche Vettel auf seiner Kruppe; bald verschlingt ein namenloses Reptil ein zuckendes Reh; etwas weiter tanzt ein Satyr mit einem Ziegenbock, der nicht weniger häßlich ist als er.«

So gibt es durchaus auch versöhnliche Töne in George Sands Erinnerungsbuch: »Auf Mallorca ist die Stille tiefer als anderswo; unterbrochen wird sie nur zuweilen, wenn Esel und Maultier auf nächtlicher Weide ihre Glocke schütteln.«

Während sie zu nächtlicher Stunde die unheimliche Umgebung des Klosters erforschte, komponierte Chopin – auf einem zweitklassigen Klavier, denn sein »Pleyel« traf erst kurze Zeit vor der Abreise ein – unter anderem die 24 Préludes, op. 28, deren berühmtestes, das *Regentropfenpräludium*, vom gleichmäßig an die Scheiben trommelnden Regen inspiriert war. »Es sind Meisterwerke«, schreibt George Sand, »einige von ihnen erinnern an die Visionen toter Mönche und an die Totengesänge, die ihn verfolgen. Andere sind von lieblicher Schwermut, und die entstanden in Stunden des Sonnenscheins und der Gesundheit.«

Am 11. Februar 1839 verließ die kleine Reisegesellschaft »die Kartause mit einem Gemisch von Schmerz und Freude. Die Kartause war der schönste Ort, den ich jemals bewohnte, und einer der schönsten, den ich jemals sah – aber ich hatte das alles kaum genossen!« wie George Sand Jahre später in der *Geschichte meines Lebens* schreibt. Chopins Zustand hatte sich weiter verschlechtert. Krank und erschöpft begab er sich auf die Rückreise über Barcelona und Marseille nach Paris. Trotz seiner schweren Krankheit lebte er noch zehn Jahre. Er starb 1849 in Paris.

Das »arme« Klavier, auf dem Chopin gezwungenermaßen spielen mußte, Chopins Totenmaske und die Gipsabdrücke seiner Hände sowie einige der von Maurice Dudevant, George Sands Sohn, während des Aufenthalts erstellten Zeichnungen locken jährlich Tausende von Besuchern in die drei miteinander verbundenen, im übrigen karg ausgestatteten Klosterzellen an der Südseite des Kreuzgangs. Von hier aus hat man einen schönen Blick auf die *huertas*, die Obst- und Gemüsegärten, die sich in den fruchtbaren Ebenen im Tal erstrecken.

Im Museum der Kartause sind neben der ältesten Druckerpresse auf Mallorca aus dem Jahr 1579 auch Briefe, Bücher und Zeichnungen aus dem Nachlaß des Arxiduc zu besichtigen. In den Sommermonaten findet im Garten und im Kreuzgang des Klosters alljährlich ein Chopin-Festival statt. Der baskische Dichter Miguel de Unamuno (1864–1936) hielt sich zweimal, 1906 und 1916, für längere Zeit in Valldemossa auf und wohnte in der

Kartause. Miguel de Unamuno war Professor für Altphilologie und Rektor an der Universität Salamanca. Er wurde 1924 aus politischen Gründen seines Amtes enthoben und auf die Kanarische Insel Fuerteventura verbannt. Bis an sein Lebensende verteidigte er die Überlegenheit des spanischen Geistes und der spanischen Kultur gegenüber dem modernen Rationalismus Nordeuropas. Seine literarischen Spaziergänge durch Städte und Landschaften Spaniens sind Huldigungen an sein Land.

Auf Mallorca wandelte er auf den Spuren von George Sand, des Arxiduc und Ramon Llulls. »Ein herrliches Land, um langsam alt zu werden!« resümiert er in Anlehnung an Santiago Rusiñol. »Vorgestern, am Fronleichnamstag, beobachtete ich auf dem Marktplatz von Manacor eine Gruppe alter Männer, die vor einem Café saßen und auf die Prozession warteten. Eine Szene, wie um das Leben an sich vorbeiziehen zu lassen, alltägliches, friedliches Leben, sozusagen ein Inselleben; es war, als wartete dieser kleine Ältestenrat auf etwas, das seit langem bekannt und immer gleich war.«
Im Innenhof der Kartause steht eine Büste von Rubén Darío (vgl. S. 39 f.).

⓮ Die Büste von Rubén Darío Innenhof der Kartause von Valldemossa

»Hier ist alles fröhlich, edel, gesund und klangvoll«, befand Rubén Darío (1867–1916), der zweimal, 1906 und 1913, auf Mallorca weilte, bei seiner ersten Ankunft im November 1906

auf der »*Isla de oro*«, der »goldenen Insel«, wie er sie nannte. Es war das Meer, das ihn begeisterte, »heidnisches Meer, elementares Meer, Meer der bleibenden historischen Horizonte, Meer der illustren Inseln, homerisches Meer«.

Darío galt seit der 1896 in Nicaragua erschienenen Gedichtsammlung *Prosas profanas* (»Profane Prosa«) als Wegbereiter des hispanoamerikanischen und spanischen poetischen Modernismo. Man druckte seine Gedichte und Erzählungen in vielen Tageszeitungen und Kulturmagazinen. Sein Einfluß auf die gesamte spanische Literatur war so tiefgreifend, daß man von einem regelrechten »Rubenismus« sprach.

Darío zelebriert die dichterische Einbildungskraft und die »innere Musik« der Sprache und steht damit in krassem Kontrast zu den religiösen, naturmystifizierenden Ambitionen der *Escuela Mallorquina* (vgl. S. 113 ff.). Allerdings vollzieht sich in Leben und Werk Daríos ein Wandel vom Ästhetizismus zum Spiritualismus. In seinen späteren Werken reflektiert er die eigene Existenz, die Bedeutung von Liebe und Tod, den er als die einzige Antwort auf das Geheimnis des Lebens begreift.

Als er im Jahr 1913 ein zweites Mal auf die Insel kommt, ist er gezeichnet von Bitterkeit und Angst, sein Leben verspielt zu haben. Im Gedicht *La cartuja*, das 1914 entstand, geißelt er sich der »teuflischen Triebe« und sucht Trost in der Einsamkeit des Klosters:

Dieses uralte Kloster hat
die schweigenden Söhne des
     Heiligen Bruno gesehen,
die – ausgemergelt vom vielen
    Fasten und blaß vom Beten,
in der Hand das Gebetbuch
     und das Kruzifix –

in der Einsamkeit ihres Daseins,
hingegeben ihrem heiligen Eifer
     und dem
mystisch blauen Fluge des
     Gebetes,
zu Gott kamen auf der Suche
     nach Trost.

. . .

Wäre ich frei von Bösem, von
     Lug und Trug
und fühlte ich eine Hand, die
     mich hindrängt
zur Höhle des Eremiten
oder in die Stille und den Frieden
     der Kartause.

Voller Reue und Verzweiflung verließ
Rubén Darío die Insel im Winter 1913
und kehrte nach Nicaragua zurück. Er
starb 1916 in Léon.
*Manch einer von denen, die nach Vall-
demossa kamen, um Ruhe zum Schreiben zu finden, war Gast im Hause der
Familie Sureda, dem ehemaligen Palau
del Rei Sanç, auf der dem Klosterein-
gang gegenüberliegenden Seite des alten, noch heute mit Kopfsteinpflaster
versehenen Platzes.*

**❶❺ Wohnhaus der Familie Sureda
Plaça del Palau del Rei Sanç
Valldemossa**
Joan Sureda und seine Frau, die Malerin Pilar Muntaner, die elf Kinder hatten, sind als großzügige Mäzenaten
und liebenswürdige Gastgeber in die
Annalen der Insel eingegangen. Im stil-
vollen Ambiente ihres gastfreundli-
chen Hauses waren reiche Honoratio-
ren ebenso gern gesehen wie Künstler
und Bohemiens. Als unzweifelhaft
wahr kursiert noch immer die folgende
Anekdote in der Familie: Eine laue
Sommernacht, etwa 25 Gäste sind um
den großen Tisch' in der *sala* ver-
sammelt, nahe der Eingangstür ein
schweigsamer schwedischer Tourist.
In der Annahme, er befände sich in einer Bar, bestellt er ein Glas Wein. Nach
einer Weile fragt Pilar ihren Mann:
»Weißt du, wer dieser Herr ist?«, und
erhält zur Antwort: »Keine Ahnung.
Ich dachte, du hast ihn eingeladen.«
Am Ende ihres Lebens waren Joan und
Pilar Sureda so arm, daß sie sich mit
einem Piso in Palma begnügen mußten
(vgl. S. 48).
Viele haben die Gastfreundschaft der
Suredas genossen. So auch der spanische Schriftsteller Azorín (1873–
1967), eigentlich José Martínez Ruiz,
Verfasser von Romanen, Theaterstük-
ken und feuilletonistischen Texten
über seine Reisen in verschiedenen
spanischen Provinzen, der ein »Maler
mit Worten« genannt wurde. Auch er
gehörte, wie Llorenç Villalonga, zur
Generation der 98er, jener Generation
von Schriftstellern, die das Land nach
dem Verlust der letzten Kolonien im
Jahr 1898 zu geistiger Erneuerung und

**Joan Sureda (2. von li.) und Pilar Sureda (3. von li.)
im Kreis mallorquinischer Künstler**

Rückbesinnung auf die eigenen kulturellen Werte aufriefen.

Azorín verbrachte den Sommer 1906 in Valldemossa und unternahm von hier aus Spaziergänge auf den Spuren früherer Dichter. »Vor allem die Olivenbäume faszinieren mich. Man kann sich nichts Merkwürdigeres vorstellen, nichts Fantastischeres, nichts Verwunscheneres als diese Stämme; Stämme, die gewaltig verdreht, wie gepeinigt; sie spalten sich in zwei oder drei Arme, krümmen sich, winden sich, um sich doch wieder zu verbinden, bilden enorme Knoten, spalten und verbinden sich immer aufs neue.« Auch er suchte innere Einkehr und Entspannung auf der *Insel der Ruhe*, wobei sein Timbre gelegentlich dem Rusiñolschen verdächtig ähnelt: »Wenn mich die Mühsal belastet, wenn meine Hand des Schreibens müde ist, wenn die Jahre schwer wiegen auf meinem Gehirn – wenn sie anfangen, mich zu reuen –, so möchte ich leben, so möchte ich sterben. Das Land, das ich liebe, ist Mallorca, die Landschaft, die ich immer sehen möchte, ist die Umgebung von Miramar und jenes alte Haus mit seinem weitläufigen Patio, in dem ich gern leben würde, an der Küste, gegenüber der ruhigen und blauen Unendlichkeit.«

Von Valldemossa führt die C 111 direkt in das Zentrum von Palma.

**Die Halbinsel Formentor
mit dem Felsen El Colomar**

6. »Die Pinie von Formentor«
Von Pollença nach Formentor

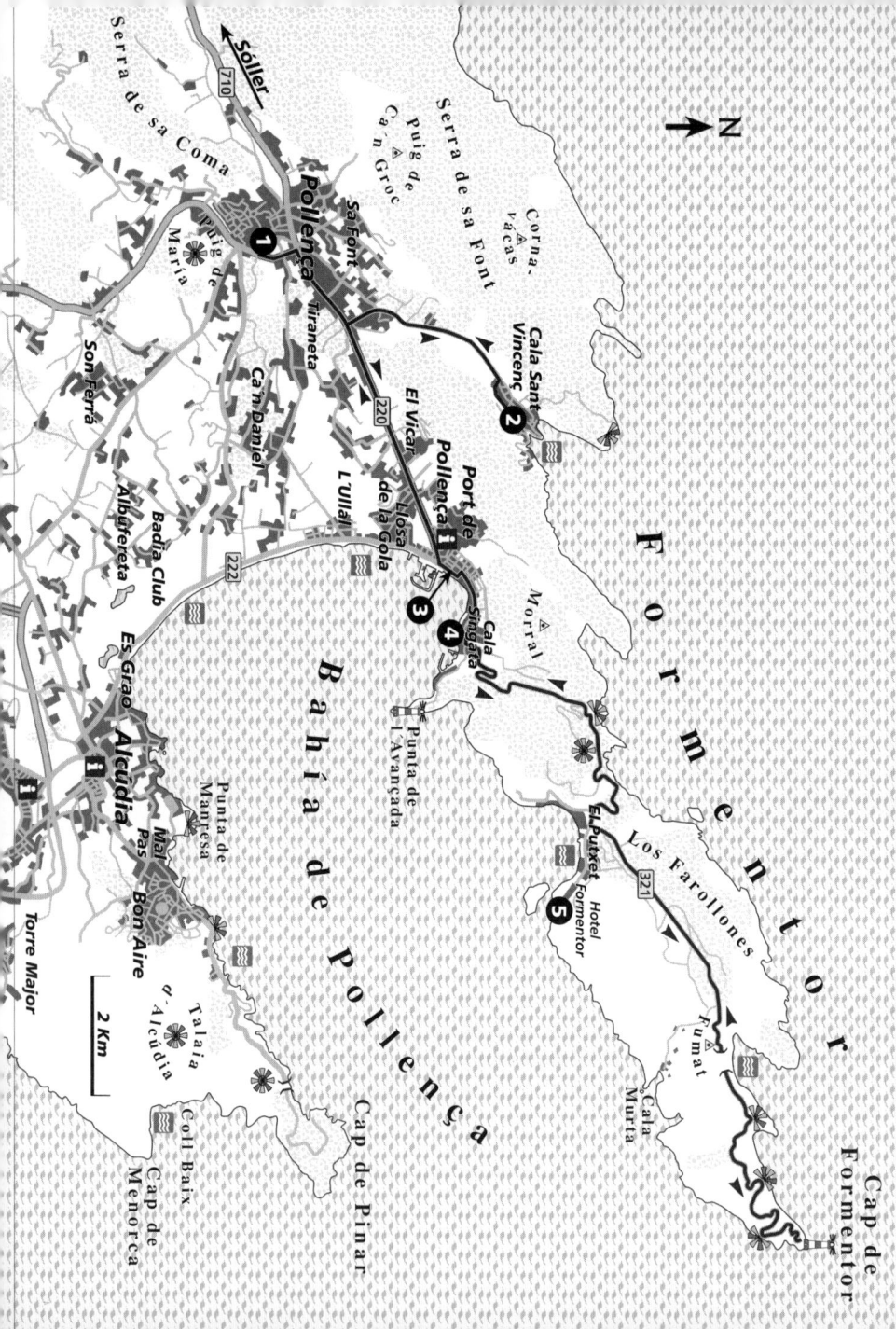

Der Ausflug in den rauhen Norden von Mallorca, der uns an die äußerste Spitze der zerklüfteten Landzunge von Formentor führt, beginnt in Pollença. »Pollentia«, lateinisch für »die Starke«, verdankt seine Entstehung der Invasion der Römer, die in der Bucht von Pollença landeten. Während des Spanischen Bürgerkriegs war in der weitläufigen Bahía eine Lufteinheit der nationalsozialistischen Legion Condor stationiert, die die Falangisten unterstützte.

❶ Pollença

Die alten, in Gelb- und Rottönen gehaltenen Steinhäuser mit ihren schönen schmiedeeisernen Balkongittern und Balustraden in den verschachtelten, auf- und absteigenden Gassen sorgen für eine anheimelnde, Ruhe ausstrahlende Atmosphäre. Wahrzeichen der Stadt ist die hinter dem Rathaus ansteigende lange Treppe, die auf die höchste Erhebung der Stadt, den 170 m hohen Kalvarienberg, führt und genauso viele Stufen hat wie das Jahr Tage. 1697 gründeten Jesuiten im Zentrum der Stadt die Kirche Monti-Sion. Das sich daran anschließende Gebäude diente ihnen bis ins späte 18. Jahrhundert als Kloster. Dem berühmtesten Sohn der Stadt, dem Dichter Miquel Costa i Llobera (1854–1922), ist es zu verdanken, daß die Anlage in eine Schule und ein Rathaus umgewandelt wurde.

Miquel Costa i Llobera ist der bekannteste mallorquinische Dichter im ausgehenden 19. Jahrhundert und Mitbegründer der *Escuela Mallorquina*. Die Dichter der Mallorquinischen Dichterschule betonten die regionale Eigenständigkeit der mallorquinischen Literatur und propagierten ihre Archaik und Ursprünglichkeit. Ihre bevorzugten Themen sind die Natur, das ländliche, einfache Leben und die Religiosität.

Als Geistlicher und Bewunderer der Antike hat Miquel Costa i Llobera die insulare rustikal-anakreontische Volksdichtung mit seiner am Formenreichtum der antiken Lyrik geschulten

Miquel Costa i Llobera im Priestergewand

Pollença, Blick vom Kalvarienberg

Sprache und durch die Einführung lateinischer und griechischer Versmaße bereichert. Die *Horaciones* (1906), so genannt aus Bewunderung für die Oden des lateinischen Dichters Horaz, sind religiöse Reflexionen, eingebettet in kontemplative Landschaftsbeschreibungen.

Miquel Costa i Llobera ist der Verfasser eines der berühmtesten Gedichte Mallorcas, das noch heute in jedem Schullesebuch enthalten ist: *El pi de Formentor* (»Die Pinie von Formentor«). Eine Pinie wird darin zum Symbol für Kraft, Zuversicht und Dauer. Die Zeit und die Kräfte der Natur nagen an dem tief verwurzelten Baum, ohne ihm etwas anhaben zu können:

Mich hat ein Baum begeistert! Dem Ölstrauch gleich an Jahren, / Hüllt er die Kraft des Eichstamms in der Orange Grün; / Von ewgen Blättern strotzt er, die seinen Lenz bewahren, / Und mit den Küstenstürmen, die ihm durchs Laubwerk fahren, / Mißt er sich riesenkühn.

...

Ein weiterer bekannter Mitbegründer der Mallorquinischen Dichterschule ist Joan Alcover (1854–1926), der ebenfalls die meditativen Kräfte der Natur besingt, indem er sie der Vergänglichkeit und Unbeständigkeit menschlichen Tuns entgegensetzt. Sein bekanntester Gedichtzyklus *Cap al tard* (»Gegen Abend«), entstanden unter dem Eindruck der Trauer über den frühen Tod seiner Frau und seiner zwei Kinder, enthält ein Gedicht, das in der Vertonung von Amadeu Vives und der

Interpretation durch die mallorquinische *cantadora* Maria del Mar Bonet zur inoffiziellen Hymne Mallorcas geworden ist und bei vielen Anlässen gesungen wird: *La Balaguera*.

Der dritte berühmte Dichter der *Escuela Mallorquina* ist Miquel dels Sants Oliver (1864–1920). Geboren in Campanet, verließ er allerdings Mallorca in jungen Jahren und verbrachte die meiste Zeit seines Lebens als Journalist und langjähriger Chefredakteur der angesehenen Zeitung *La Vanguardia* in Barcelona. In seiner Dichtung verbindet sich das ländliche Flair bereits mit Tendenzen des urban orientierten Modernismo.

Zur zweiten Generation der *Escuela Mallorquina* gehört neben Gabriel Alomar (1873–1941) und Llorenç Riber (1882–1958) auch die Dichterin Maria Antònia Salvá (1869–1957).

Zwischen 1933 und 1936 lebte in Pollença der deutsche Schriftsteller Erich Arendt (1903–1984) mit seiner Frau Katja. Der genaue Aufenthaltsort konnte nicht ausfindig gemacht werden. Arendt verdingte sich als eine Art Hausknecht und Besorger für den deutschen »antihitlerischen« Baron Hermann, seine Frau Katja, eine ausgebildete Romanistin, war Köchin im Hause des Barons. Beide waren 1933 über die Schweiz auf Vermittlung des Malers Arthur Segal und dessen Sohn, des Architekten Walter Segal, nach Mallorca gekommen. Arendt trug sich ursprünglich mit dem Gedanken, gemeinsam mit der sozialdemokratischen, wohlhabenden Emigrantin Else Perl ein vegetarisches Restaurant in Barcelona zu eröffnen. Dazu kam es

jedoch nicht, weil sich Else Perl das Leben nahm.

Da Arendt für Schweizer Zeitungen Reportagen über Mallorca schrieb, beschäftigte er sich intensiv mit Land und Leuten und lernte das Leben der Bauern und der Fischer aus unmittelbarer Nähe kennen. 1936 entstand das *Erntelied auf Mallorca*, dessen emphatischer Duktus Anklänge an den Expressionismus aufweist. Wie in vielen seiner Gedichte verbindet sich darin das unmittelbare sinnliche Erleben mit konkreten politischen Inhalten:

Erich Arendt in Spanien

... Fest stand im Feld der Bauer. Und der Pfaffe drohte / von alter Kanzel, denn der Bauern Bänke blieben leer. / Froh sang des Mähers Mund: Das Feld war sein. Groß lohte / der Sonnenabend über seinem Inselmeer. / Der Himmel sein, die Sonne sein, die rote! / Die Bauernhände gaben auch nicht mehr den Himmel her.

Mit Ausbruch des Bürgerkriegs verließen Erich und Katja Arendt Mallorca. In Katalonien schlossen sie sich den Republikanern an. Arendt beteiligte sich u. a. an der Alphabetisierung der Soldaten und an der Einrichtung einer fliegenden Bücherei für die Truppe. Wie sich später zeigen sollte, erfuhr Erich Arendt, der sich nach dem Krieg in der DDR niederließ, seine prägenden Einflüsse im spanischen und im kolumbianischen Exil.

Wir fahren nun von Pollença auf der C 220 weiter in Richtung Port de Pol-

lença. In dem bei der Ausfahrt aus Pollença rechts gelegenen Convent de Sant Domènec finden in den Sommermonaten häufig Konzerte statt, über die man sich im Tourismusbüro in Pollença oder Palma informieren kann.

Für eine Stippvisite biegen wir nach etwa 1 km nach links ab, in die Cala Sant Vicenç, eine den Winden ausgesetzte Bucht an der Nordseite der Landzunge von Formentor.

➋ Wohnort von Américo Castro Cala Sant Vicenç

In einem einfachen Fischerhaus verbrachte der spanische Historiker Américo Castro (1885–1972), ein enger Freund von Camilo José Cela und Verfasser des wichtigen Standardwerks zur Geschichte Spaniens, *La realidad historica de España* (1957, dt. *Spanien. Vision und Wirklichkeit,* 1954) seit 1957 über viele Jahre die Sommermo-

Hafenansicht von Port de Pollença in den vierziger Jahren

Cela (li.) mit Américo Castro, 50er Jahre

Wir fahren zurück auf die C 220, in die wir links einbiegen, um nach Port de Pollença zu gelangen. Port de Pollença liegt, eingebettet und durch hohe Felsen vor Wind geschützt, in der nördlichen Kehre der Bahía de Pollença. An der Uferpromenade stoßen wir auf das Hotel Sis Pins.

❸ Hotel Sis Pins
Port de Pollença

Der ehemalige Fischerhafen ist seit den dreißiger Jahren ein von Engländern bevorzugter Ferienort und bis heute eine Hochburg des englischen Mallorca-Tourismus. Durch Agatha Christie (1890–1976) hat er in die Weltliteratur Einlaß gefunden. Im Sommer 1929 verbrachte Agatha Christie ge-

nate. Die Freundschaft zwischen Cela und Castro rührte aus frühen Madrider Tagen und setzte sich nach dem Ende der gemeinsamen Zeit auf Mallorca in Briefen fort: »Liebster Camilo José und liebste Charo: Schön waren die mit Ihnen und Ihren Vertrauten in Ihrem Heim verlebten Tage. Ich vergesse Sie nicht und möchte Ihnen noch eben zwei Zeilen inmitten des Trubels um Dinge schicken, die sich stets von selbst einstellen, wenn man nur flüchtig Station macht und sich gleichzeitig mit nicht Flüchtigem beschäftigt. Genießen Sie weiterhin Ihr wundervolles Zuhause, das für die Arbeit des Schriftstellers so anregend ist (ohne daß Camilo José, – welch glücklicher Sterblicher! – an der Schreibmaschine sitzen muß, sondern sich auf nichts weiter als seine Gedanken und das Schreiben konzentrieren kann, welch einmaliges Privileg!). Sie wissen ja, wie ich zu Ihnen stehe und wie sehr ich Ihnen zugetan bin. Ihr ergebener Freund Américo Castro.«

Agatha Christie, um 1932

Das Hotel Sis Pins in Port de Pollença. Aufnahme aus den frühen fünfziger Jahren

meinsam mit ihrem zweiten Mann, dem Archäologen Max Mallowan, den sie auf einer Expedition in Mesopotamien kennengelernt hatte, die Sommerferien in Port de Pollença. »*I don't know, it's just easy*«, antwortete sie, wenn sie auf ihre immense Krimi-Produktion angesprochen wurde. Wie so oft hat sich die Vielgereiste auch hier von der Atmosphäre inspirieren lassen. Beim nachmittäglichen Tee auf der Terrasse des Hotels Sis Pins sei ihr die Idee zu der Erzählung *Problem at Pollensa Bay* (»Problem in der Bucht von Pollensa«) gekommen, und so habe sie auch in diesem Fall das erlebte Ambiente direkt als Setting für eine Geschichte genutzt: »Nachdem sie durch die schmalen Straßen von Pollensa gegangen waren, entlang der gekrümmten Linie der Küste, erreichten sie das Hotel Pin d'Or, ein kleines Hotel am Ufer des Meeres, mit einem wunderbaren Ausblick, verschwommen im Bodennebel dieses schönen Morgens wie hinter einem japanischen Wandschirm. Parker Pyne verstand sofort, daß dies der Ort war, den er suchte.« In *Problem at Pollensa Bay* ermittelt nicht der allen Agatha Christie-Lesern vertraute Detektiv Hercule Poirot, sondern Parker Pyne, ein Statistiker in Staatsdiensten, der nach seiner Pensionierung in Pollença seinen ersten Fall aufklärt. Die Erzählung erschien 1939 in einem Sammelband mit anderen Storys von Agatha Christie in den USA, *The Regatta Mystery*.

Sie bildet gewissermaßen den Anfang einer Serie von Mallorca-Krimis, die seit vielen Jahren wie Pilze aus dem Boden schießen. Zu nennen wäre da zunächst der 1918 in San Francisco geborene Journalist und Seemann Tom Crichton, der in den frühen Sechzigern nach Mallorca kam, als Reiseleiter jobbte und von Robert Graves ermuntert wurde, seine Erfahrungen mit Reisegruppen in einem Buch festzuhalten. *Unser Mann auf Mallorca* erschien 1963. Der bekannteste Thriller der mallorquinischen Autorin Maria Antònia Oliver, *Mallorca, Mord inbegriffen*, erschien 1996 in deutscher Übersetzung. In Pollença lebt Roderic Jeffries, dessen bekanntester Roman *Liebestod auf Mallorca* in den siebziger Jahren erschien. Seit Anfang der achtziger Jahre lebte auch der bekannte deutsche Krimi- und Kinderbuchautor Hansjörg Martin (1920–2000) auf Mallorca. 1973 erschien sein erster Mallorca-Krimi *Mallorca sehen und dann sterben*, dem viele weitere folgten.

Am äußersten Ende des Hafens nahe dem Stützpunkt der Wasserflugzeuge steht die repräsentative Villa Clorinde.

Cela vor seinem Haus Villa Clorinde in Port de Pollença, als Colonel gekleidet

❹ Villa Clorinde
Sommervilla von Camilo José Cela
Port de Pollença

Die heiße Sommerzeit verbringt Camilo José Cela (vgl. S. 54 f., 58 f., 62 f.) noch heute gern in der Villa Clorinde, die er 1954 erwarb. Er bevorzugt diesen Ort wegen seiner Nähe zum Hotel Formentor (vgl. S. 120 ff.). Auch Cela nahm seinen Nachmittagskaffee, wenn nicht in einer der beliebten Bars – Brisas oder El Cactus –, besonders gern auf der Terrasse des Hotels Sis Pins. 1955 beendete Cela in Port de Pollença den Roman *La Catira. Historias de Venezuela*, die Erzählung *El molino de viento* (»Die Windmühle«) sowie eine später noch einmal überar-

beitete Abhandlung über *Judíos, moros y cristianos* (»Juden, Mauren und Christen«): »Hier wurden ein paar Bücher geboren, und ich glaube, wenn mir das Schicksal gnädig ist, werden es noch ein paar weitere sein. Weil ich verstehe, daß einer immer an den Ort zurückkehrt, an dem er gewesen ist – wie ein Verbrecher an den Ort des Verbrechens zurückkehrt –, und weil ich in Puerto Pollensa mich selbst fand, nachdem ich mich verloren glaubte durch jene fünf Welten des Gottes und des Teufels.«

Von Port de Pollença führt eine schmale Straße zum Nordkap, Cap de Formentor. Nach etwa 8 km gelangt man zum Hotel Formentor, einem herrschaftlichen Bau im englischen Kolonialstil.

Werbeplakat aus den zwanziger Jahren

❺ Hotel Formentor

Das Hotel wirbt damit, fern vom modernen Massentourismus ein »Ort der Ruhe und Entspannung für viele Persönlichkeiten« gewesen zu sein, und kann mit einer ansehnlichen Liste berühmter Gäste aus aller Welt aufwarten. 1995 fand hier das Gipfeltreffen der Staatsoberhäupter der Europäischen Gemeinschaft statt, und neuerdings entwickelt der Direktor des *Foro Formentor*, Raimundo Bassols, eine Kommunikationsplattform für regelmäßige Gesprächsrunden auf höchster Ebene.

Gegründet wurde das Hotel Ende der zwanziger Jahre von Adan Diehl (1890–1953), einem argentinischen Journalisten und Schriftsteller aus einer wohlhabenden Familie europäischer Abstammung. Entzückt von der Insel, die er im Winter 1921/22 auf einer seiner Europareisen als Kor-

respondent für die argentinische Tageszeitung *La Nación* kennengelernt hatte, hielt er an der Idee fest, auf der Landzunge Formentor ein Hotel zu errichten. 1926 kaufte er ein mehrere hunderttausend Quadratmeter großes Terrain auf der Halbinsel: eine von Wind und Wetter bizarr geformte und zerklüftete unzugängliche Felslandschaft, die bisher als Weideland für Schafe gedient hatte, bewachsen von Pinien, Korkeichen und Mastixsträuchern. Sein Plan war es, zwei Hotels von gediegenem Luxus errichten zu lassen, ein Winterhotel auf der windgeschützten Südseite der Halbinsel und ein Sommerhotel auf der Nordseite, wo Nordwinde in den heißen Sommermonaten für angenehme Kühlung sorgen. Moralische Unterstützung für sein Projekt erhielt er von dem argentinischen Maler Tito Cittadini, der schon einige Zeit auf der Insel lebte und zum Freundeskreis um Miquel Angel Colomar gehörte (vgl. S. 46), und von seiner italienischen Frau Elena Popolicio, die sich bereit erklärte, für die Innenausstattung zu sorgen.

Errichtet wurde schließlich nur das Hotel auf der Südseite. Bei dessen feierlicher Eröffnung im Jahr 1929 war die Straße noch lange nicht fertig, so daß die über hundert Ehrengäste mit Booten von Port de Pollença herübergeschifft werden mußten. Die Elektrizität wurde durch Traktoren erzeugt. Die ersten beiden Hotelgäste, zwei amerikanische Ladys, die mit dem Auto über die holprige, abschüssige Straße gekommen waren, wären am liebsten sofort wieder abgefahren.

Allein der grandiose Blick aus dem Fenster am nächsten Morgen über die Bucht von Pollença hielt sie davon ab, ließ sie vielmehr begeisterte Postkarten nach Hause schicken.

Adan Diehl warb mit modernsten Methoden über Agenturen in Frankreich, England, Deutschland und Italien für sein Hotel. Er lud Schriftsteller ein und animierte sie, über ihren Aufenthalt an diesem außergewöhnlichen Ort zu schreiben. Er veranstaltete Gesprächsrunden – u. a. hielt Hermann Keyserling auch hier seine »Wochen der Weisheit« ab – und Segelregatten. Allerdings erwies sich das Projekt als äußerst unrentabel, und Adan Diehl, ein Schöngeist und Träumer, nicht als der gewiefte Geschäftsmann, der es verstanden hätte, aus dem Projekt Gewinn zu schlagen. Nach sieben Jahren mündete das obsessive Unternehmen in einem totalen Fiasko. 1936 war der Schuldenberg so groß geworden, daß die Banken weitere Kredite verweigerten und auf Rückzahlung der Schulden bestanden, so daß Diehl sein Privathaus in Pollença verkaufen mußte. Er floh vor den Gläubigern mit seiner Frau nach Paris, wo ihm in der argentinischen Botschaft Schutz gewährt wurde. Von dort reisten beide zurück

Adan Diehl, der Gründer des Hotels Formentor (li.), mit einheimischen Künstlern. 2. von li.: Camilo José Cela

Die ersten Strandgäste, im Hintergrund das Hotel Formentor

nach Argentinien – als Dritte-Klasse-Passagiere auf einem Ozeanliner.

Bis in die fünfziger Jahre befand sich das Hotel in der Hand verschiedener Banken. 1954 knüpfte Juan Buadas gemeinsam mit seinem Sohn Tomeo an die alte Idee an und eröffnete das Hotel erneut als Ort für exquisite Gäste und besondere Ereignisse.

1955 fand der 1. Internationale Llullsche Kongreß statt. Im Mai 1959 veranstaltete Camilo José Cela, der nicht müde wurde, mit immer neuen Initiativen und Ideen dem Vorwurf eines geistigen Provinzialismus auf Mallorca entgegenzuwirken, zum erstenmal die *Conversaciones poéticas de Formentor*, an denen neben mallorquinischen Schriftstellern und Philosophen u. a. François Bondy, René Char und Yves Bonnefoy teilnahmen. Parallel dazu gründete er gemeinsam mit den Verlegern Carlos Barral und Victor Seix das *Colloquium internacional sobre novela*, ein internationales Kolloquium uber den Roman. 1959 waren Heinrich Böll, Max Frisch, Marguerite Duras, Michel Butor, Alain Robbe-Grillet, Italo Calvino, Elio Vittorini und Alberto Moravia sowie Llorenç Villalonga und Robert Ranke Graves eingeladen. Sechs internationale Verlage (Einaudi aus Italien, Gallimard aus Frankreich, Grove Press aus den USA, Weidenfels aus England, Rowohlt aus Deutschland und Seix Barral aus Spanien) stifteten den seit 1960 im Rahmen dieser Tagung vergebenen *Premio Formentor de Novela*, der aus 10 000 Dollar und der Veröffentlichungszusage der beteiligten Verlage bestand. 1964 erhielt den Preis die deutsche Schriftstellerin Gisela Elsner, die *Unberührbare* des gleichnamigen Films aus dem Jahr 2000, für ihren ersten und bekanntesten Roman *Die Riesenzwerge*, erschienen bei Rowohlt. Vorherige Preisträger waren Elsa Morante, Juan García Hortelano und Jorge Semprun. Im folgenden Jahr wurde diese »intellektuelle Invasion«, die nicht ins Franco-Spanien paßte, von staatlicher Seite untersagt. Die Vergabe des *Premio Formentor* wurde auf die griechische Insel Korfu verlegt,

ging jedoch nach einem weiteren Jahr aufgrund mangelnder Initiative ein.

Eine gewisse Wiederbelebung hat der *Premio Formentor* durch den derzeitigen Chef des Verlags Seix Barral in Barcelona, den aus Mallorca gebürtigen Basilio Baltasar, erfahren, der 1999 den *Premio Biblioteca breve* und die Buchreihe *Biblioteca Formentor* für herausragende literarische Debüts ins Leben gerufen hat.

Hotel Formentor mit Terrasse, vom Strand aus gesehen.
Aufnahme aus den frühen dreißiger Jahren

Vor dem Hotel Formentor. Von ll. nach re.. Gerardo Diego, Yves Bonnefoy,
Vicente Aleixandre, Carles Riba, Dámaso Alonso und Tony Kerrigan.
Auf dem Dach des alten Londoner Taxis: Camilo José Cela

*Heute führt eine solide und breit aus-
gebaute Straße durch die schroffe Fel-
senlandschaft von Formentor zum
Leuchtturm auf der Spitze des Kap.
Auf der südlichen Seite der Landzunge
liegt die Cala Murta. In diesem Ge-
biet, das seit Jahrhunderten zum Besitz der Familie Costa gehörte, steht
das Haus, in dem Miquel Costa i
Llobera seine letzten Lebensjahre verbrachte. Hier war es auch, wo er zu
seinem Gedicht »Die Pinie von Formentor« angeregt wurde (vgl. S. 114).*

*Nachdem wir vom Cap de Formentor
nach Port de Pollença zurückgekehrt
sind, fahren wir an der Küste entlang
über Alcúdia, Port d'Alcúdia und
Ca'n Picafort nach Artà, weiter über
Capdepera nach Cala Rajada.*

**Nächste Doppelseite:
Der Hafen von Cala Rajada
in einer Aufnahme aus den
frühen fünfziger Jahren.
Auf dem Berg im Hintergrund
die Casa March**

7. »Menschen auf der Flucht«
Die Bucht von Cala Rajada

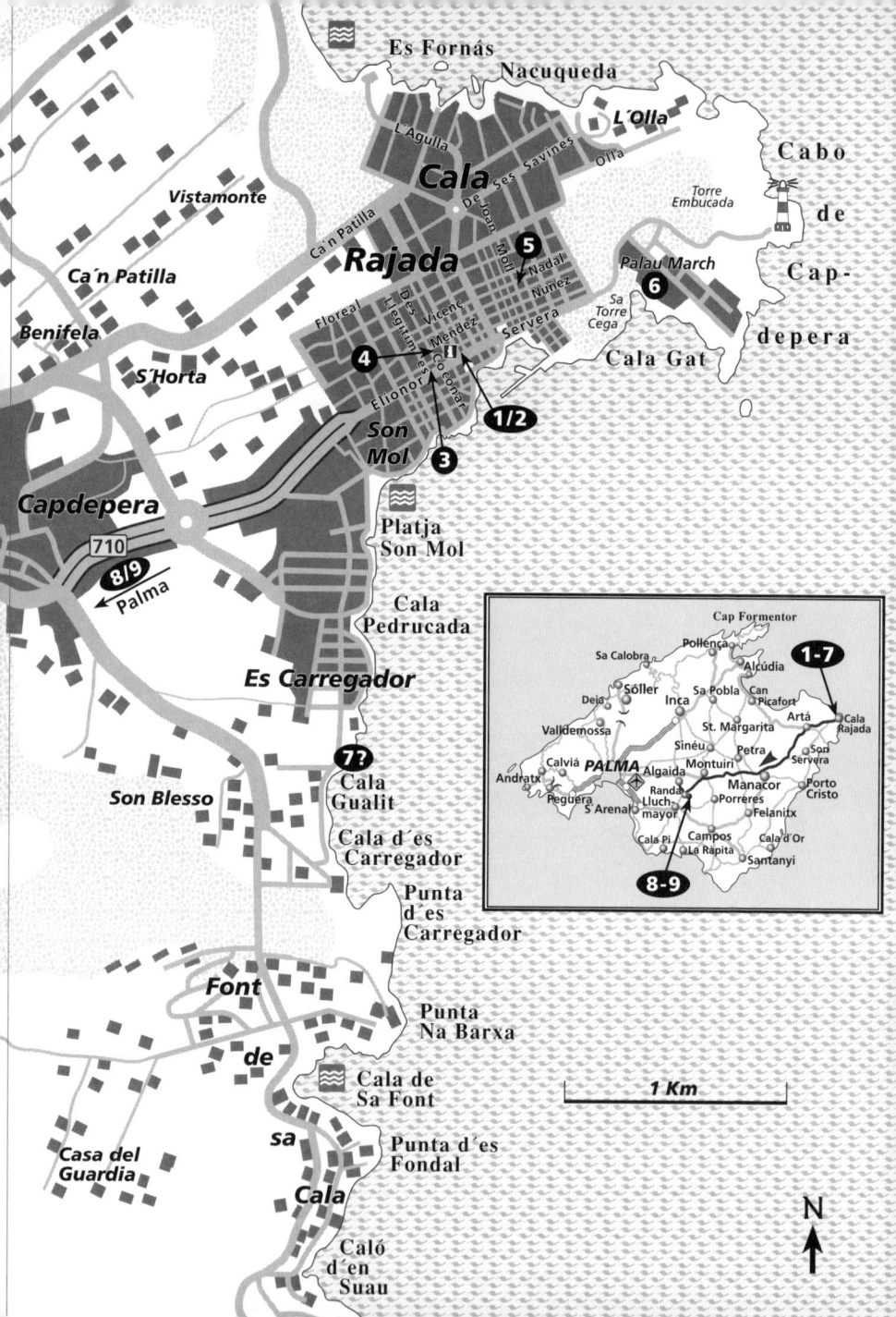

Cala Rajada – oder, wie es damals hieß, Cala Ratjada –, der von Palma am weitesten entfernte Ort, war in den dreißiger Jahren Schlupfwinkel und Fluchtpunkt für politisch Verfolgte und Anarchisten aus Hitler-Deutschland. Dieser damals noch weitgehend unbekannte Ort schien ein geeignetes Versteck zu sein.

Cala Rajada, ehemals nur aus einigen Häusern bestehend, ist ein relativ junger Ort. Sein Name rührt wahrscheinlich von einem Fisch namens »rajada«, der in großer Menge vor der Küste vorgekommen sein soll. Gegen Ende des 19. Jahrhunderts siedelten sich die ersten Fischer aus Capdepera an und fingen Fische, Korallen und Schwämme. Der in den fünfziger Jahren beginnende Tourismus hat Cala Rajada in relativ kurzer Zeit zu einer der touristischen Hochburgen der Insel gemacht. Heute ist die einst beschauliche Bucht von Häusern umbaut, die dem Auge weh tun, so wenig passen sie sich der Landschaft an.

Von Capdepera kommend, fährt man auf der C/ Elionor Servera direkt auf die Plaça dels Pins zu, wo man das Auto parken sollte. Das Zentrum des Ortes besteht wie in den dreißiger Jahren aus zwei bis drei Dutzend engen, rechtwinklig aufeinanderstoßenden Straßen. Architektonisch herrschen heute die in den sechziger und siebziger Jahren gebauten zwei-, drei- oder vierstöckigen Appartementhäuser vor. Von den einfachen Fischerkaten, die hier früher standen, sind nur noch wenige erhalten. Eine ist die Bar Bloch, wenige Meter von der Plaça dels Pins entfernt, wo wir den Rundgang beginnen.

❶ Bar Bloch
C/ Elionor Servera /
Ecke C/ Cervera

Die Bar Bloch ist eine der wenigen Bars des im Winter fast ausgestorbenen Ortes, die das ganze Jahr geöffnet haben. Mittags zwischen zwölf und zwei und am späten Abend treffen sich hier Kurz- und Langzeiturlauber, Zweithausbesitzer und Residenten, um im nostalgischen Ambiente zwischen Harpunen, Muscheln und geöffneten Haifischrachen ein Gläschen *Pep Setra*, ein nach Rezept des Hauses hergestellter starker Kräuterlikör, zu sich zu nehmen. Fischer trifft man hier heute nur noch selten an.

Walter Bloch, Inhaber der Bar Bloch, Fischer und Rosenzüchter, kam mit seinen Eltern 1932 aus dem schweizerischen Olten nach Mallorca. Am 15. Mai 1932 eroffnete sein Vater, ein gelernter Bäcker, die Casa Bloch, einen Kolonialwarenladen mit dazugehöriger Bar, die sich, im Gegensatz zur benachbarten Waikiki-Bar, bis auf den heutigen Tag gehalten hat.

❷ Ehemalige Waikiki-Bar
C/ Elionor Servera

Direkt neben der Casa Bloch eröffnete der Schriftsteller, Schmuggler, Maler und *Rebell aus Leidenschaft* – so der Titel seiner 1963 erschienenen Autobiographie – Frank Baruch alias Jack Bilbo oder Käpt'n Bilbo (1907–1967) ebenfalls im Jahr 1932 die Waikiki-

129

Bar. Sie entwickelte sich rasch zum Treffpunkt jener Schriftsteller und Künstler, die sich Anfang der dreißiger Jahre in Cala Rajada angesiedelt hatten, »eine bunt zusammengewürfelte Gesellschaft von Menschen, die vor der Welt etwas zu verbergen hatten: Liebespaare, davongelaufene Söhne angesehener Familien, Falschspieler, Menschen in politischer Verbannung, Menschen auf der Flucht und Menschen unterwegs zu sich selbst!« Geradezu harmlos nimmt sich die Beschreibung des Zigarettenschmuggels per Boot – eine der einträglichsten Beschäftigungen in Cala Rajada – aus, wenn man bedenkt, daß Jack Bilbo auch noch mit ganz anderen Waren schmuggelte. Während des Bürgerkriegs beschaffte er den republikanischen Soldaten Waffen: »Dann wurden ein paar Boote aus der Grotte gezogen, die kleinen Motoren in Gang gesetzt und der Form halber ein paar Netze ausgehängt. Ziemlich weit draußen – die Umrisse der Insel hatten sich längst am Horizont verwischt – trafen wir das algerische Ladeschiff. Kiste um Kiste mit den amerikanischen Zigaretten wurden in unsere kleinen Boote geladen, bis sie so voll waren, daß die Mannschaft kaum noch arbeiten konnte. Trotzdem brachte sie das Kunststück fertig, noch ein paar Thunfische, die sich in unseren Netzen verfangen hatten, an Bord zu nehmen. Eine wertvolle Beute, die uns zudem noch als Tarnung dienen konnte...« In seiner 1961 am Kurfürstendamm in Berlin eröffneten »Hafenspelunke« erzählte Jack Bilbo gern aus dieser Zeit.

Jack Bilbo (mit Krawatte) im Kreis spanischer Matrosen während des Bürgerkriegs

Es waren vor allem Schriftsteller und Künstler, die ihrer pazifistisch-anarchistischen Überzeugung wegen gezwungen waren, Hitler-Deutschland zu verlassen, die sich in Cala Rajada niederließen. Allerdings gerieten sie auch hier bald ins Zentrum politischer und militärischer Auseinandersetzungen, diente doch Mallorca, das von Anfang an in der Hand der Putschisten war, als Stützpunkt für italienische und deutsche Flugzeuge, die von hier aus zu ihren Vernichtungsflügen nach Valencia und Barcelona starteten. Der Handlungsspielraum für die deutschen Emigranten war minimal und die Gefahr groß. Wenn sie nicht rechtzeitig entkamen, wurden sie verhaftet und Repressionen ausgesetzt. *Wenige hundert Meter entfernt in der*

Richtung, aus der wir gekommen sind, an der C/ Elionor Servera / Ecke C/ de Ses Llegitimes, gab es damals eine kleine Sensation.

❸ Ehemaliger Standort des Kraftwerks C/ Elionor Servera / Ecke C/ de Ses Llegitimes

Das erste Elektrizitätswerk wurde in den dreißiger Jahren von der Schweizer Fabrikanten- und Unternehmerfamilie Villinger errichtet und versorgte bis in die sechziger Jahre hinein Cala Rajada mit »privatem« Strom, bevor die Gesa, die öffentliche Stromgesellschaft, auch hier Stromleitungen verlegte.

Schräg gegenüber in derselben Straße wohnte der Freidenker und Anarchist Heinz Kraschutzki, der in der parallel zur C/ de Ses Llegitimes verlaufenden C/ des Coconar eine Korbwarenmanufaktur eröffnete.

❹ Die ehemalige Korbwarenmanufaktur von Heinz Kraschutzki C/ des Coconar / Ecke Mendez Nuñez

Heinz Kraschutzki (1891–1982) gehörte zu den profiliertesten Pazifisten der Weimarer Republik. Der Erste Weltkrieg, an dem er zunächst als Kapitänleutnant teilnahm, hatte ihn zum glühenden Kriegsgegner werden lassen. Als Schriftleiter der Zeitschrift *Das andere Deutschland* kämpfte er gegen die Wiederaufrüstung und wurde des Landesverrats angeklagt, als er illegale deutsche Aufrüstungsbe-

Der Anarchist Heinz Kraschutzki in hohem Alter

strebungen aufdeckte. Er entzog sich der politischen Verfolgung, indem er 1932 mit seiner Frau und den sechs Kindern nach Mallorca ging.

In Cala Rajada richtete er eine Manufaktur ein, in der Körbe und Taschen aus Bast hergestellt wurden, und nicht aus *palmitos*, den geflochtenen Blättern der Zwergpalme, der traditionellen Herstellungsweise, die noch aus der Zeit der Mauren stammt und in den Büchern des Arxiduc beschrieben wird. Kraschutzkis kleine Fabrik wurde von den Einheimischen als Konkurrenzunternehmen betrachtet, zumal er Arbeiterinnen von den traditionellen Manufakturen abwarb, indem er höhere Löhne zahlte.

Da Kraschutzki sich nicht mit spanischer Innenpolitik beschäftigt hatte, wurde er vom Putsch der Falangisten überrascht. Am 1. August 1936, dreizehn Tage nach Beginn des Bürgerkriegs, wurde er durch die Francisten, aber, wie er später herausfand, auf Betreiben der Nationalsozialisten, festgenommen, aufs Festland verschleppt und zu dreißig Jahren Zuchthaus verurteilt. Die Manufaktur wurde beschlagnahmt und Jahre später abgerissen. Lange Zeit wußte niemand, was mit Kraschutzki geschehen war. Meldungen, er sei ermordet worden, wurden dementiert. Frei kam er im Oktober 1945 auf Intervention der War Resisters International. Er ging zurück nach Deutschland, wo er sich erneut gegen die Wiederbewaffnung der Bundesrepublik, für eine west-östliche Entspannungspolitik und einen humaneren Strafvollzug einsetzte.

Wir gehen nun durch die C/ Mendez Nuñez bis zur C/ Joan Moll, in der der Dichter Karl Otten seine Wohnung hatte.

Karl Otten, 1949

❺ Wohnung von Karl Otten
C/ Joan Moll /
Ecke C/ Mestre Vicenç Nadal

Der im Rheinland geborene pazifistische Schriftsteller Karl Otten (1889–1963), der aufgrund früher Erfahrungen mit dem Krieg – er geriet 1912 auf dem Weg nach Griechenland eher zufällig in den albanisch-türkischen Krieg – im Ersten Weltkrieg den Militärdienst verweigerte, gehört zu den bekanntesten expressionistischen Schriftstellern um Franz Pfemferts *Aktion*. Er floh mit seiner Frau Ellen am 12. März 1933 nach Paris, von da nach Barcelona und erreichte am 27. März

Cala Rajada. Anfang August 1936, wenige Wochen, nachdem Francos Putschoffiziere auf Mallorca zu wüten begonnen hatten, wurde Otten verhaftet. Der deutsche Konsul hatte ihn denunziert.

»Wir sind über Sie und Ihren Freund Don E. genau unterrichtet. Wir kennen Ihre Einstellung zur nationalen Bewegung genau – und ich muß Ihnen mitteilen, daß wir Sie, wenn das Geringste vorfällt, dem deutschen Konsul überstellen werden zwecks Abtransport in Ihre Heimat – zu Hitler!« drohte der Militärkommandant bei seiner Festnahme, über die Karl Otten in einer Pariser Tageszeitung am 21. September 1936 unter der Überschrift *Der Umsturz auf Mallorca. Ein deutscher Emigrant im Sturm der spanischen Rebellion* ausführlich berichtete: »Jede Nacht werden Männer und

Frauen verhaftet und in der Stierkampfarena erschossen. Oder man findet ihre Leichen in den Straßen von Palma. – Das haben wir doch schon erlebt – und es ist die gleiche Redensart – ›auf der Flucht erschossen!‹«

Nach seiner Freilassung gelingt es ihm und seiner Frau Ellen, auf einem britischen Kriegsschiff über Malaga und das noch republikanische Barcelona nach Marseille zu entkommen. Über Paris erreichen sie London, wo Otten in den folgenden Jahren den Roman *Torquemadas Schatten* schreibt, der 1937/38 in einer Exilzeitung in Antwerpen vorabgedruckt und 1938 im nach Stockholm exilierten S. Fischer Verlag erschien. Der Roman schildert die Lage der Bauern von Cala Rajada – im Buch »Pueblo« genannt – zu Beginn des Bürgerkriegs auf Mallorca und setzt sie in Relation zu den Judenpogromen im 15. Jahrhundert unter dem grausamen Regiment des Großinquisitors Torquemada. Helden des Romans sind einzelne Bauern, Fischer und Zöllner, die sich, zögernd zunächst und erst allmählich zu den Waffen greifend, gegen die wachsende Allianz der Reichen und Mächtigen mit den leibeigenen Bauern und dem verängstigten Kleinbürgertum auflehnen.

In einer Mischung aus Reportage, balladeskem Heldenepos und poetischen Beschreibungen der Landschaft und des bäuerlichen Lebens berichtet Otten über die Anfänge des Spanischen Bürgerkriegs, der, wie er emphatisch hinzufügt, »größten Revolution aller Zeiten«.

»›Gefällt es Ihnen hier? Hier geschieht nichts, das Volk ist gut, aber arm. Heiß ist es, und das Klima ist schlecht. Das Meer ist ungesund, und die Luft im Frühling voll böser Krankheiten.‹ Das ist die Einleitung zu jedem Gespräch, die sich endlos mit ganz geringen Variationen wiederholt. ›Aber hier herrscht ewiger Friede, niemand versperrt sein Haus, niemand rührt fremdes Gut an, wo gibt es das noch in der Welt?‹

Der Arzt beobachtet wieder die Geckos, die blitzschnell über das rissige Gemäuer gleiten und nur zu erkennen sind, weil sie sich bewegen, als husche der Schatten eines Mandelblattes vorüber. ›Überall in der Welt ist Krieg und Unruhe. Nur die Dragons sind böse und gefährlich in diesem Paradies. Also seid ihr die glücklichsten Menschen auf dieser Welt.‹«

Karl Otten, der sich 1958 mit seiner Frau im Tessin niederließ, wo er 1963 starb, gehört wie viele der aus Nazi-Deutschland emigrierten Autoren zu den vergessenen Schriftstellern. Der Roman *Torquemadas Schatten* erschien erneut 1980 in der »Bibliothek der verbrannten Bücher«.

Wir gehen jetzt die C/ Joan Moll bis zur C/ Elionor Servera, in die wir links einbiegen. Auf einem Hügel oberhalb des Hafens wird der Palau und der Skulpturenpark der Familie March, Sa Torre Cega, sichtbar, zu dem eine schmale Straße hinaufführt. Der Weg ist ausgeschildert. Palast und Garten sind nur nach vorheriger Anmeldung im Touristenbüro an der Plaça dels Pins zu besichtigen.

Casa March, ursprünglich Palast der Bankiersfamilie, heute Skulpturenpark

➏ Palau und Skulpturenpark Sa Torre Cega

Der im 15. Jahrhundert an dieser Stelle errichtete Verteidigungsturm, der den kleinen Naturhafen vor Überfällen der Piraten schützen sollte, war fensterlos und wurde deshalb *torre cega*, »blinder Turm«, genannt. 1962 erwarb Bartomeu March, der Sohn von Juan March (vgl. S. 24), den 1911 errichteten Palast. Er ließ auf dem 60000 Quadratmeter großen Areal von dem englischen Gartenarchitekten Russell Page einen Park von botanischer Vielfalt gestalten und im Laufe der Jahre mehr als 70 Skulpturen von insgesamt 47 Bildhauern aus aller Welt aufstellen. Die Sammlung repräsentiert die wichtigsten skulpturalen Strömungen des 19. und 20. Jahrhunderts. Sie reicht von Auguste Rodin, Max Bill und Henry Moore bis zu Andreu Alfaro, Xavier Corberó und Eduardo Chillida, dem wohl bedeutendsten zeitgenössischen Bildhauer Spaniens. Außerhalb des Parks, auf dem Weg vom Hafen zur Cala Gat, befindet sich die aus 21 rostenden Ankern und Ketten gestaltete Eisenskulptur *Anclas* des französischen Künstlers Arman, ein Geschenk der Familie March an den Ort Cala Rajada zu Ehren der Fischer der Gemeinde.
Wir gehen hinunter zum Hafen und am Strand zur Platja Son Moll.

➐ Aufenthaltsort von Franz Blei

Zwischen der Platja Son Moll und der weiter südlich gelegenen Cala de Sa Font wohnte der österreichische Schriftsteller Franz Blei (1871–1942). Er hatte sich in einem Fischerhäuschen, dessen Standort nicht mehr auszumachen ist, eingerichtet, einem Ambiente, das so gar nicht zu dem als Lebemann, Snob und Kaffeehauspoet in die Literaturgeschichte eingegangenen Schriftsteller zu passen schien, der mit seinen erotischen Eskapaden im München der Jahrhundertwende von sich reden machte, sich in der Rolle des »frommen Sünders« gefiel und einen »dämonisierenden Glanz« um sich zu verbreiten wußte. Aufsehen erregte sein 1920 unter dem Pseudonym Peregrinus Steinhövel veröffentlichtes *Große Bestiarium*, eine Sammlung literarischer Karikaturen zeitgenössischer Dichterkollegen.

Blei ging 1931, noch ehe ihm die Nationalsozialisten Anlaß dazu gaben, nach Mallorca. Er folgte seiner Tochter Sybilla, die in Cala Rajada eine Hühnerfarm betrieb. Wie er sich in der ländlichen Atmosphäre Cala Rajadas, fern jeglicher zivilisatorischer Errungenschaften, zurechtfand, darüber ist wenig bekannt.

Lydwina, ein Fragment gebliebener Roman, ist in Cala Rajada in den dreißiger Jahren angesiedelt. Einige Szenen spielen in der Bar des Schweizers Bloch. Das Villingersche Elektrizitätswerk findet ebenso Erwähnung wie die Korbwarenmanufaktur Heinz Kraschutzkis (vgl. S. 131 f.). Im Zentrum des Geschehens stehen die beiden Brüder Jack und James und die englische junge Dame Lydwina, die eine Affäre mit Jack beginnt. Der Roman endet, als Jack das Dorf verläßt, um mit Lydwina nach England zu gehen.

Franz Blei mit seiner Frau und Tochter Sybilla, um 1910

den Mitreisenden, man mache eine Fahrt nach Ägypten oder um die Welt, wenn das Schiffbillet auch nur bis zum nächsten Hafen, etwa nach Palma de Mallorca, genommen ist.«

Auch Franz Blei verließ Mallorca im Juli 1936 überstürzt, und zwar, glaubt man der *Insel des zweiten Gesichts*, auf demselben Schiff wie Albert Vigoleis und Beatrice Thelen. Er emigrierte dann in die USA und starb 1942 in New York.

Wir gehen zurück zum Auto auf der Plaça dels Pins und fahren in Richtung Capdepera, von wo aus wir über Artà, Manacor und Villafranca de Bonany zurückfahren. In der Höhe von Montuiri biegen wir links ab für einen Abstecher nach Randa, einem Dorf am Fuße des Puig de Randa. Auf diesem abrupt aus der Ebene herausragenden Tafelberg wurden von Mönchen – ähnlich den Klöstern Meteora im nordgriechischen Thessalien – drei Eremitagen errichtet. Eine kurvenreiche Straße führt vorbei am Santuari de Nostra Senyora de Gràcia und dem Santuari de Sant Honorat zum

❽ Santuari de Nostra Senyora de Cura Puig de Randa

Im obersten Kloster des Berges von Randa haben Franziskaner im 15. Jahrhundert zum Gedenken an Ramon Llull (vgl. S. 19 ff., 94) eine Grammatikschule errichtet. Sie schrieben und lehrten in der Tradition Llulls und nannten sich Lullisten. Noch heute leben hier einige Mönche und betreuen die sorgfältig zusammengestellte Aus-

Insgesamt interessieren Blei weniger die konkreten Verhältnisse als Lydwinas Motive, auf die Insel zu reisen. Wobei seine Spekulationen weniger von Sympathie und Ehrerbietung getragen sind als von Sensationslust und einem wohl der Zeit geschuldeten Argwohn gegenüber dem weiblichen Geschlecht: »Was Lydwina Hennings nach der Baleareninsel Mallorca verschlagen hat, ist dunkel und kann es bleiben ... Eine so unternommene Reise hat für die Reisende auch den psychologischen Gewinn, daß sie eine Art räumlichen Schlußpunkt unter das kürzlich Vergangene setzt. Man sagt

stellung über Leben und Wirken Ramon Llulls. Ausgestellt werden Bilder und Glasmalereien mit Szenen aus dem Leben Llulls sowie Handschriften, Inkunabeln und Stiche.

Wir lassen das Auto stehen und gehen von hier aus am Südhang des Berges entlang zur

❾ Grotte am Puig de Randa

In diese Grotte zog sich Ramon Llull zur Kontemplation zurück, nachdem er im Jahre 1274 eine Erscheinung gehabt hatte, die ihn zur Niederschrift der *Ars Magna*, seines Hauptwerks, inspirierte. Eine Inschrift im Gedenkstein berichtet von seiner Vision: Als Llull den ihm erscheinenden Christus am Kreuz umarmte, hielt er das leere Kreuz im Arm.

Die *Ars Magna* oder *Ars Combinatoria*, die Nikolaus von Kues und Leibniz beeinflußte und als Keimzelle der Kybernetik angesehen wird, ist ein verzweigtes System von geometrischen Figuren – Kreisen, Dreiecken und Viel-

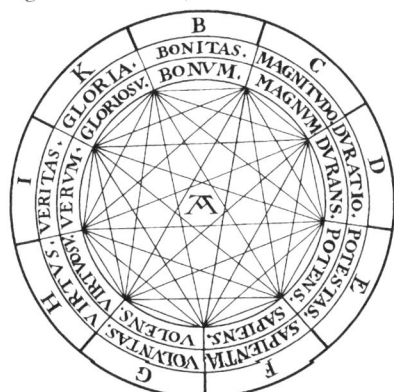

ecken – sowie Buchstabenkombinationen, die auf drehbaren Scheiben so angebracht sind, daß durch Drehen und Aufeinanderlegen der einzelnen Scheiben wesentliche Begriffe und Glaubensprobleme erklärt sowie die Kardinalfragen nach der Dreieinigkeit und der Inkarnation beantwortet werden. Im Zentrum von Llulls philosophischem Denken steht die Auseinandersetzung mit *fides* und *ratio*, Glaube und Vernunft. Als zutiefst gläubiger Mensch vertrat er die Ansicht, daß sich rationale Erkenntnis und gläubige Hinnahme der offenbarten und überlieferten Glaubenswahrheiten nicht ausschließen, ja, daß Erkennen Glauben voraussetzt. So präsentiert er in der *Ars Magna* sein philosophisches Denken unter Einbeziehung sowohl der rationalistischen Logik der Scholastiker wie der Kabala und des Gedankenguts der arabischen Mystik im Brennspiegel seiner religiösen Überzeugungen, um den Leser zur höchsten Stufe geistiger Tätigkeit und zum Gebet zu führen. »Es ziemt sich, daß man sinnhafte Fragen bildet, mit deren Hilfe man seinen Verstand dazu bringen kann, daß er die geistigen Figuren abbilde.«

Wir fahren nun in Richtung Algaida. Hier stoßen wir wieder auf die C 715, die uns zurück ins Zentrum von Palma, dem Ausgangspunkt der Spaziergänge, bringt.

Quellen- und Literaturverzeichnis

Archeduque Luis Salvador, Catalina Homar. Presentación de Gabriel Janer Manila. Palma de Mallorca 2000

Azorín (José Martínez Ruiz): El paisaje de España visto por los españoles. Madrid 1969

Baltasar, Basilio (Hg.): Bitzoc. Sonderheft für Camilo José Cela. Nobelpreis für Literatur 1989. Palma de Mallorca 1989

Barnes, Djuna: Die Frau, die auf Reisen geht, um zu vergessen. Aus d. Amerikan. u. mit e. Nachw. v. Inge von Weidenbaum. Berlin: Verlag Klaus Wagenbach 1992

Bernanos, Georges: Die großen Friedhöfe unter dem Mond. Mallorca und der Spanische Bürgerkrieg. Ein Augenzeuge berichtet. Aus d. Franz. v. Walter Heist. Mit e. erkl. Wortverz. v. Katharina Raabe. Zürich: Arche Verlag 1983

Bernhard, Thomas: Beton. Erzählung © Suhrkamp Verlag Frankfurt 1982

Bilbo, Jack: Rebell aus Leidenschaft. Abenteurer–Maler–Philosoph. Rastatt in Baden: Horst Erdmann Verlag 1963

Blasco Ibáñez, Vicente: Die Toten befehlen. Leipzig 1925

Blei, Franz: Schriften zur Auswahl. München: Biederstein Verlag 1960

Borges, Jorge Luis: Gesammelte Werke. Bd. IX: Borges über Borges. Autobiographischer Essay. Hg. v. Curt Meyer-Clason. München/Wien: Hanser Verlag 1980

Camus, Albert: Tagebücher 1935–1951. Aus d. Franz. v. Guido Meister © 1963 by Rowohlt Verlag GmbH, Reinbek

Castro, Américo: Spanien. Vision und Wirklichkeit. Aus d. Span. v. Suzanne Heintz. Köln/Berlin: Verlag Kiepenheuer & Witsch 1957

Cela, Camilo José: Ein Vagabund im Dienste Spaniens. Hg., ausgew. u. mit e. Nachbem. v. Ricardo Bada. Aus d. Span. v. Hildegard Moral. München/Zürich 1990

Chopin, Frédéric: Briefe und Dokumente. Zusammengest. u. hg. v. Willy Reich. Zürich 1959

Christie, Agatha: The Regatta Mystery. Short Stories. New York 1984

Colomar, Miquel Angel: Polly quiere una galleta. Palma de Mallorca 2001

Miquel Angel Colomar, 1903–1970. Katalog zur Ausstellung der Caixa de Balears »Sa Nostra«. Palma de Mallorca 2001

Creeley, Robert: Die Insel. Roman. Aus d. Amerikan. v. Ernst Jandl. Salzburg: Residenz Verlag 1987

Crichton, Tom: Our Man in Majorca. London 1963

Darío, Rubén: Poesias completas. Madrid 1967

Eisenhauer, Georg: Der Literat. Franz Blei – ein biographischer Essay. Tübingen 1993

Elsner, Gisela: Die Riesenzwerge. Reinbek 1964

Ferra, Bartomeu: Chopin und George Sand auf Mallorca. Aus d. Span. v. Egon Schoss. Palma de Mallorca 1936

Ferret, Gabriel / González, Fernando: Cela en Mallorca. Consell Insular de Mallorca. Palma de Mallorca: R. y J. J. de Olañeta Editor 1989

Formentor. Imatges d'ahir. Ed. by Miquel Font. Palma de Mallorca 1993

Fundació Pilar i Joan Miró a Mallorca. Guide. Madrid: Sociedad Editorial Electra España 1993

Fuster, Joan: La Literatura Catalana Contemporanea. Madrid 1975

García i Boned, Germà: Els comtes de Kessler i de Keyserling, i la seva relació amb l'illa de Mallorca. In: Estudias Baléarics 40 (1991), S. 21 ff.

Ders.: La segunda cara de la isla de la segunda cara de Albert Vigoleis Thelen. Mallorca 1931–1936. Palma de Mallorca: Miquel Font Editor 1998

Gran Enciclopédia de Mallorca. Hg. v. Consell Insular de Mallorca. Palma de Mallorca o. J.

Graves, Lucia: A Woman Unknown. Voices from a Spanish Life. London 1999

Graves, Robert: Geschichten aus dem anderen Mallorca. Hg. u. übers. v. Hartmut Ihnenfeldt. Hohenthann: Reise Know-How Verlag 1998

Grossmann, Rudolf (Hg.): Katalanische Lyrik der Gegenwart. Hamburg 1923 (Veröffentlichungen des Ibero-Amerikanischen Instituts)

Hammer, Ute Edda / Oliver, Tonina / Schauhoff, Frank (Hg.): Mallorca. Kultur und Lebensfreude. Köln: Könemann Verlagsgesellschaft 1999

Werner Heldt. Œuvre-Katalog der Bilder von Heldt 1920–1954. Deutsche Gesellschaft für Bildende Kunst (Kunstverein Berlin) / Akade-

mie der Künste Berlin, 23. Juni–28. Juli 1968.
Hannover 1968

Hermsdorf, Klaus / Fetting, Hugo / Schlenstedt, Silvia: Exil in den Niederlanden und in Spanien. Frankfurt a. M. 1981 (Kunst und Literatur im antifaschistischen Exil 1933–1945, Bd. 6)

Hösle, Johannes: Die Katalanische Literatur. Von der Renaixença bis zur Gegenwart. Tübingen 1982

Ders.: Zur Literatur Mallorcas. In: Iberoromania 9 (NF 1979), S. 122 ff.

»die horen«. Zeitschrift für Literatur, Kunst und Kritik. Hg. v. Kurt Morawietz. Hannover, Bd. 158 (1990): Ich bin aller Echo – Katalanische Impressionen. Zusammengestellt v. Maria-Lourdes Soler i Marcet / Hg. v. Johann P. Tammen. Bremerhaven, Bd. 199 (2000, 2. Aufl. 2001): Lauter Vigoleisiaden oder Der zweite Blick auf Albert Vigoleis Thelen. Ausgew. u. zusammengestellt v. Jürgen Pütz

Hotel Formentor. La historia de un prodigio. De Adan Diehl a Miquel Buadas. Festschrift 1995

Ihnenfeldt, Hartmut (Hg.): Die goldene Insel. Geschichten aus Mallorca. Hohenthann: Reise Know-How Verlag 2000

Jeffries, Roderic: Liebestod auf Mallorca. Bern/München/Wien 1980

Jouffroy, Alain: Miró. Genf: Weber 1987

Jovellanos, Gaspar Melchor de: Espectáculos y diversiones públicas. El Castillo de Bellver. Madrid 1966

Kessler, Harry Graf: Tagebücher 1918–1937 © Insel Verlag Frankfurt 1961

Harry Graf Kessler: Tagebuch eines Weltmannes. Ausstellung des Dt. Literaturarchivs Marbach a. N. 1988 (Marbacher Kataloge 43)

Keyserling, Hermann Graf: Das Reisetagebuch eines Philosophen. München/Wien 1980

Lawrence, D. H.: The Letters of D. H. Lawrence. Vol. VII: November 1928 – February 1930. Ed. by Keith Sagar. Cambridge: Cambridge University Press 1993

Llompart, José Maria: La literatura moderna a les Balears. Palma de Mallorca 1989

Ders.: Poesía y paisaje. Palma de Mallorca 1970

Llull, Ramón: Das Buch vom Freunde und vom Geliebten. Übers. u. hg. v. Erika Lorenz. Freiburg/Basel/Wien 1992

Ders.: Das Buch vom Heiden und den drei Weisen. Übers. u. hg. v. Theodor Pindl. Stuttgart 1998

Llullus, Raimundus: Die neue Logik. Hamburg 1985

Doctor Illuminatus. A Ramón Llull Reader. Ed. and transl. by Anthony Bonner. Princeton, New Jersey 1993

Maass, Angelika (Hg.): Und laß als Pfand, mein Liebling, dir das Meer. Katalanisches Lesebuch. Frankfurt a. M.: Vervuert Verlagsgesellschaft 1988

Mann, Klaus: Briefe und Antworten. Bd. 1: 1922–1937. Hg. v. Martin Gregor-Dellin. © 1975, 1991 by Rowohlt Verlag GmbH, Reinbek

Ders.: Tagebücher 1936–1937. Hg. v. Joachim Heimannsberg, Peter Laemmle u. Wilfried F. Schoeller © 1990 by Rowohlt Verlag GmbH, Reinbek

Martin, Hansjörg: Mallorca sehen und dann sterben. Reinbek b. Hamburg 1973

Meneses, Carlos: Escritores latinoamericanos en Mallorca. Palma de Mallorca 1974

Nin, Anaïs: Das Delta der Venus. Aus d. Amerikan. v. Eva Bornemann. Bern/München 1977

Oehrlein, Sieglinde: Mallorca. Ein literarisches Porträt. Frankfurt a. M.: Insel Verlag 1998

Oliver, Maria Antònia: Mallorca, Mord inbegriffen. Frankfurt a. M. 1996

Otten, Karl: Torquemadas Schatten. Hamburg 1980 (Bibliothek der verbrannten Bücher) © Deutsches Literaturarchiv, Marbach a. N.

Karl Otten: Werk und Leben. Texte, Berichte, Bibliographien. Hg. v. Bernhard Zeller u. Ellen Otten. Mainz 1982 (Die Mainzer Reihe 52)

Platzeck, E. W.: Raimund Llull. Sein Leben. Seine Werke. Die Grundlagen seines Denkens. 2 Bde. Düsseldorf 1962

Porcel, Baltasar: Galopp in die Finsternis. Aus d. Katalan. v. Ulrike Thoß. Heidelberg 2001

Pütz, Jürgen: Doppelgänger seiner selbst. Der Erzähler Albert Vigoleis Thelen. Wiesbaden 1990

Ders. (Hg.): In Zweifelsfällen entscheidet die Wahrheit. Beiträge zu Albert Vigoleis Thelen. Viersen 1988

Ramondino, Fabrizia: Althénopis. Kosmos einer Kindheit. Aus d. Ital. v. Maja Pflug © 1986 by Arche Verlag AG, Raabe + Vitali, Zürich

Dies.: »Steh auf und geh!« Kosmos eines Lebens. Aus d. Ital. v. Maja Pflug. Mit e. Nachw. v. Lea Ritter-Santini © 1996 by Arche Verlag AG, Zürich-Hamburg

Rauter, E. A.: Mallorca. Das Land hinter der
Bühne. Hamburg 1988
Riera, Carme: Escenarios para la felicidad. Es-
tampas de Mallorca. Palma de Mallorca: R. y
J. J. de Olañeta Editor 1994
Dies.: Ins fernste Blau. Aus d. Katalan. v. Petra
Zickmann u. Manel Pérez Espejo. Bergisch
Gladbach 2000
Riquer, M. de / Comas, A. / Molas, J.: Historia de
la literatura catalana. Barcelona 1986
Röder, Hendrik (Hg.): Vagant, der ich bin. Erich
Arendt zum 90. Geburtstag. Texte und Bei-
träge zu seinem Werk. Berlin: janus press 1993
Rosselló-Pòrcel, Bartomeu: Toda la poesia. Ed.
bilingue. Trad. de Jose Agustin Goytisolo.
Barcelona 1987
Rusiñol, Santiago: Mallorca. Die Insel der Ruhe.
Palma de Mallorca: Imprinta Politécnica 1996
Els jardins de l'ànima de Santiago Rusiñol. Ka-
talog zur Ausstellung vom 16. September bis
21. Oktober 1999. »Sa Nostra«, Obra Social i
Cultural. Palma de Mallorca 1999
Sabater, Gaspar: Mallorca en la vida del Archi-
duque. Palma de Mallorca 1985
Salvator, Erzherzog Ludwig: Die Balearen in
Wort und Bild geschildert. 2 Bde. Würzburg/
Leipzig 1897. Neuaufl. Palma de Mallorca
1989
Sand, George: Geschichte meines Lebens. Aus
ihrem autobiograph. Werk ausgew. u. mit e.
Einleitung v. Renate von Wiggershaus. Frank-
furt a. M. 1978
Dies.: Ein Winter auf Mallorca. Hg. u. aus d.
Franz. v. Ulrich C. A. Krebs. Frankfurt a. M.
1974
Stegmann, Tilbert (Hg): Ein Spiel von Spiegeln.
Katalanische Lyrik des 20. Jahrhunderts. Ka-
talan. u. dt. Copyright für die dt. Übers. v.
Thomas Fritz © 1987 Reclam Verlag, Leipzig
Stein, Gertrude: Autobiographie von Alice B.
Toklas. Aus d. Amerikan. v. Roseli u. Saskia
Bontjes van Beek © 1959, 1996 by Arche Ver-
lag AG, Zürich-Hamburg
Strelocke, Hans: Mallorca, Menorca. Köln 1981
(DuMont Kunst-Reiseführer)
Thelen, Albert Vigoleis: Die Insel des zweiten Ge-
sichts. Aus den angewandten Erinnerungen
des Vigoleis © 1981, 1992 Claassen Verlag
Trümpler, Charlotte (Hg.), Agatha Christie und
der Orient. Kriminalistik und Archäologie.
Begleitbuch zur Ausstellung des Ruhrland-
museums Essen. Bern/München/Wien 1999

Unamuno, Miguel de: Obras completas. Madrid
1966 ff.
Vicens, Antònia: 39 Grad im Schatten. Aus d.
Katalan. v. Jenny-Petra Farian. Heidelberg
2001
Villalonga, Llorenç: Das Puppenkabinett des
Senyor Bearn. Aus d. Katalan. v. Jürg Koch.
Mit e. Nachw. v. Johannes Hösle. München/
Zürich: Piper Verlag 1991
Ders.: Pousse-Café. Prólogo y notas: José Carlos
Llop. Palma de Mallorca 1986
Welcome! Un siglo de turismo en las Islas Ba-
leares. Ausstellungskatalog. Fundación »La
Caixa«. Palma de Mallorca 2000
Wette, Wolfram (Hg.): Pazifistische Offiziere in
Deutschland 1871–1933. Bremen 1999

Wir danken allen Autoren, Fotografen, Verlagen
und Nachlaßverwaltern für die freundliche Ge-
nehmigung zum Abdruck. In einigen Fällen ist es
uns nicht gelungen, die heutigen Rechteinhaber
zu ermitteln. Wir bitten diese, sich mit dem Verlag in Verbindung zu setzen.

Bildnachweis

Aus: Abellán, José Luis: Historia del Pernsamiento Espe-
ñol de Séneca a nuestros días. Madrid: Editorial Espasa
Calpe 1996 S. 137 – Arche-Archiv S. 65 – Aus: Barnes,
Djuna: Die Frau, die auf Reisen geht, um zu vergessen.
Reisebilder. Aus d. Amerikan. u. mit e. Nachw. v. Inge
von Weidenbaum. Berlin: Verlag Klaus Wagenbach 1992
S. 102 – Beinecke Rare Book And Manuskript Library,
Yale University S. 57 – Aus: Corino, Karl: Robert Musil.
Leben und Werk in Bildern und Texten. Reinbek bei
Hamburg: Rowohlt Verlag 1988 S. 136 (Klaus Wagen-
bach, Berlin) – Deutsches Literaturarchiv, Marbach a.
N. S. 132 – Aus: Doctor Illuminatus. A Ramón Llull Rea-
der. Ed. a. transl. by Anthony Bonner. Princeton, New
Jersey: Princeton University Press 1993 S. 95 (Landes-
bibliothek Karlsruhe) – Ediciones Àgata S. 106 (R. Au-
sias) – Aus: Els jardins de l'ànima de Santiago Rusiñol.
Katalog zur Ausstellung vom 16. September bis 21. Ok-
tober 1999. Palma de Mallorca: »Sa Nostra«, Obra So-
cial i Cultural 1999 S. 5 – Aus: Ferra, Bartomeu, Chopin
und George Sand auf Mallorca. Aus d. Span. v. Egon
Schoss. Palma de Mallorca: Edicions La Cartoixa 1934
S. 103 – Ferret, Gabriel/González, Fernando: Cela en
Mallorca. Consell Insular de Mallorca. Palma de Mallorca: Consell Insular de Mallorca 1989 S. 54, 58, 62,
63, 117, 0, 119, 125 – Aus: Formentor. Imatges d'ahir.
Ed. by Miquel Font. Palma de Mallorca: Miquel Font
Editor 1993 S. 120, 121 (Rafel Alcover) – Foto Balear
S.50/51 (Arxiu Andreu Muntaner Darder) – Aus: Funda-
ció Pilar i Joan Miró a Mallorca. Guide. Madrid: Socie-
dad Editorial Electra España 1993 S. 68/69, 79, 80 –
Aus: García i Boned, Germà: La segunda cara de la isla
de la segunda cara de Albert Vigoleis Thelen. Mallorca
1931–1936. Palma de Mallorca: Miquel Font Editor
1998 S. 24, 64, 67, 97 (Foto Mascaró) – Aus: Geschichte
der Musik. Hg. v. Michael Raeburn u. Alan Kendall,
Bd. II. München: Kindler Verlag 1993 S. 7 (Dordrechts
Museum) – Graves, Beryl, Familienarchiv S. 98 – Aus:
Werner Heldt. Œuvre-Katalog der Bilder von Heldt
1920-1954. Deutsche Gesellschaft für Bildende Kunst
(Kunstverein Berlin) / Akademie der Künste Berlin,
23. Juni–28. Juli 1968. Hannover: Kestner-Gesellschaft
1968 S. 84 (Foto: Kurt Heldt), 85 (Sammlung Siegfried
Enkelmann, München) – Aus: »die horen«. Zeitschrift
für Literatur, Kunst und Kritik. Hg. v. Johann P. Tammen. Bremerhaven, Bd 199 (2000, 2. Aufl. 2001): Lauter
Vigoleisiaden oder Der zweite Blick auf Albert Vigoleis
Thelen. Ausgew. u. zusammengestellt v. Jürgen Pütz S. 9,
22, 23, 37, 42, 43 (© Hanna Thelen u. Thelen-Archiv Dr.
Jürgen Pütz) – Hotel Formentor. La historia de un prodigio. De Adan Diehl a Miquel Buadas. Festschrift. Muro
1995 S. 122/123, 124 (© Arxiu Bestard, Pollença) – Hotels. Ein literarischer Führer. Hg. v. Lis Künzli. Berlin:
Verlag Mathias Gatza 1994 S. 71 – Aus: Käpt'n Bilbo,
Rebell aus Leidenschaft. Abenteurer – Maler – Philosoph. o. O.: Horst Erdmann Verlag 1963 S. 130 – Aus:
Layton, Irving / Creeley, Robert: The Complete Corre-
spondence 1953–1978. Ed. by Ekbert Faas and Sabrina
Reed. Montreal u. a.: McGill-Queen's University Press
1990 S. 89 (Foto: Jonathan Williams, Robert W. Creeley Papers, Special Collections, Washington University,

St. Louis, Missouri) – Libería Escolar S. 41 (Arxiu Andreu Muntaner Darder) – Aus: Llompart, Josep Maria,
La literatura moderna a les Balears. Palma de Mallorca:
Editorial Moll 1989 S. 45 – Mallorca. Kultur und Le-
bensfreude. Hg. v. Ute Edda Hammer, Tonina Oliver u.
Frank Schauhoff. Köln: Könemann Verlag 1999 S. 8,
12/13, 19 (Terrasa, Sebastian, Palma de Mallorca), 25,
60 (Israel Museum, Jerusalem), 93 (Salvator, Ludwig,
Die Balearen. Geschildert in Wort und Bild. Bd. II. Pal-
ma de Mallorca 1989), 94, 99 (© William Graves), 100
(© Agustín, Carlos & Tánago, Belén) – Aus: Meneses,
Carlos: Escritores latinoamericanos en Mallorca. Palma
de Mallorca 1974 S. 29 (Foto del Archivo de D. Gabriel
Quetglas-Tous) – Aus: Meyers, Jeffrey, D. H. Lawrence.
A Biography. London: Macmillan 1960 S. 77 – Aus:
Miller, Henry, Mein Leben und meine Welt. Aus d. Ame-
rikan. v. Katja Behrens. München/Wien/Zürich: Edition
Praeger 1972 S. 101 – Miquel Angel Colomar, 1903–
1970. Katalog zur Ausstellung der Caixa de Balears »Sa
Nostra«. Palma de Mallorca 2001 S. 30 0. (Collectió de
l'artista), 46, 74 – Monacensia. Literaturarchiv, Mün-
chen S. 87, 88 – Aus: Palma Kurier, 8. September 2000
S. 134 (© Brigitte Lucke) / 27. April 2001 S. 61 (Foto:
El Mundo) – Aus: Porcel, Baltasar, Los días inmortales.
Barcelona: Plaza & Janés Editores 1984 S.83 – Aus: Ros-
selló i Bover, Pere, Els moviments literaris a les Balears
(1840–1990). Palma de Mallorca: Edicions Documenta
Balear 1997 S.113 – Aus: Soler, Guillem (Hg.): Palma.
Inca 0. J. S. 32 – Aus: Spaniens Himmel. Volksfront und
internationale Brigaden gegen den Faschismus 1936–
1939. Hg. v. Fritz Teppich. Berlin: Elefanten Press 1986
S. 72 – Staudacher, Cornelia, Privatbesitz S. 21, 28, 31,
33 u., 34/35, 40, 56, 59, 114, 116, 126/127 – Stuhler,
Werner, Hergensweiler S. 11, 17, 81, 111 – Aus: Toca-
bens, Joan/Lacombe Massot, Jean-Pierre: Les Rois de
Majorque. Perpignan 1995 S. 15 – Aus: Todd, Olivier,
Albert Camus. Ein Leben. Übers. v. Doris Heinemann.
Reinbek bei Hamburg: Rowohlt Verlag 1999 S. 27 (Ar-
chives A. Camus/imec.) – Aus. Trümpler, Charlotte
(Hg.), Agatha Christie und der Orient. Kriminalistik und
Archäologie. Begleitbuch zur Ausstellung des Ruhrland-
museums Essen. Bern/München/Wien: Scherz Verlag
1999 S. 117 u. (John Mallowan, London) – Ultima Hora
© Grupo Serra, 1980 S. 30 u. – Vagant, der ich bin. Erich
Arendt zum 90. Geburtstag. Texte und Beiträge zu sei-
nem Werk. Hg. v. Hendrik Röder. Berlin 1993 S. 115 –
Villalonga, Lorenzo: Pousse-Café. Prólogo y notas: José
Carlos Llop. Palma de Mallorca: Miquel Font Editor
1986 S. 26, 33 0. – Aus: Welcome! Un siglo de turismo en
las Islas Baleares. Ausstellungskatalog. Fundación »La
Caixa«. Palma de Mallorca 2000 Frontispiz (Foto: Guil-
lem Bestard, Archivo Bestard), S. 75 (Colección Vicenç
Rotger), 92 (Colección Maria Dolores Estrades), 110
(Foto: Guillem Bestard, Archivo Bestard), 118 (Colección Vicenç Rotger) – Aus: Wette, Wolfram (Hg.), Pazi-
fistische Offiziere in Deutschland 1871–1933. Bremen:
Donat Verlag 1999 S. 131 (Archiv zur Geschichte der
Friedensbewegung, Bremen, und Donat Verlag) – Aus:
Wiggershaus, Renate, George Sand in Selbstzeugnissen
und Bilddokumenten. Reinbek bei Hamburg: Rowohlt
Taschenbuch Verlag 1982 S. 6 (IBA, Oberengstringen),
39 (Sammlung Georges Lubin), 104 (Rowohlt-Archiv),
105 (Archiv für Kunst und Geschichte, Berlin)

Dank

Viele Gespräche haben zur Entstehung des Buches beigetragen. Unter anderen danke ich für Anregungen und Informationen Señor Germà García i Boned, der mit seinem Buch *La segunda cara de la isla de la segunda cara* (»Das zweite Gesicht der Insel des zweiten Gesichts«) eine ebenso wissenschaftlich akribische wie liebevolle Nachlese zu Albert Vigoleis Thelens Roman *Die Insel des zweiten Gesichts* geschrieben hat, ein Buch, das noch auf seine Übersetzung ins Deutsche wartet und geeignet wäre, die Wiederentdeckung des viel zu wenig bekannten Dichters Thelen einzuläuten, dessen hundertster Geburtstag im Jahr 2003 bevorsteht. Ich danke Señora Pilar Sureda Sackett und Señora Catalina Cañellas sowie Mrs. Elena Kerrigan, Mrs. Beryl Pritchard-Graves und Mrs. Lucia Graves für ihre Bereitschaft, mich ihrer persönlichen, familiären Erinnerungen teilhaftig werden zu lassen, des weiteren Señor Jordi Gaya, Herausgeber der *Estudios Llullianos*, Señor Dr. José Maria Sevilla vom Stiftungsverein »Miramar«, den Schriftstellern Baltasar Porcel und E. A. Rauter, dem Verleger Basilio Baltasar, der Künstlerin Barbara Weil und der Übersetzerin Rita Geiger. Nicht zuletzt danke ich den Verlegerinnen Elisabeth Raabe und Regina Vitali für ihre konstruktive, geduldige Lektorats- und Herausgebertätigkeit und Claudia Jürgens vom Arche Verlag für die umsichtige Redaktion des Manuskripts.
Berlin, im Juli 2001   C. St.

Biographische Notiz

Cornelia Staudacher, geboren in Berlin. Studium der Germanistik und Publizistik. Arbeitete zunächst 1977–1986 als Deutschlehrerin. Seitdem Journalistin und Literaturkritikerin für diverse Rundfunkanstalten und Zeitungen. Autorin von Rundfunkfeatures. Bis 1997 Mitherausgeberin der Zeitschrift *Litfaß*. Herausgeberin von Anthologien. Lebt in Berlin und auf Mallorca.

Personenregister

Halbfette Ziffern verweisen auf Seiten, auf denen Personen in einem eigenen Abschnitt beschrieben werden. *Kursive Seitenzahlen* verweisen auf Abbildungen.

Abd-Allah, Emir 12
Alcover, Joan 114
Aleixandre, Vicente *125*
Alfaro, Andreu 135
Alomar, Gabriel 29, 115
Alonso, Dámaso *125*
Amis, Hilly *98*
Amis, Kingsley 98, *98*
Amis, Martin *98*
Arendt, Erich 115, 115 f.
Arendt, Katja 115 f.
Arman 135
Azorín 109, 110
Balaguer Vallés, José 33
Baltasar, Basilio 8, 124
Barlach, Ernst 68
Barnes, Djuna 101 f., *102*
Barney, Nathalie 102, *102*
Barral, Carlos 123
Baruch, Frank s. Bilbo, Jack
Bassols, Raimundo 120
Bernanos, Georges 8, 21, 48, 66, 72, **72 ff.**
Bernanos, Ives 73
Bernhard, Thomas 50, 71, 78
Bilbo, Jack (Käpt'n Bilbo) 129 f., *130*
Bill, Max 135
Blasco Ibáñez, Vicente 61
Blei, Franz 76, **135 f.**, *136*
Blei, Sybilla 135, *136*
Bloch, Walter 129, 135
Böll, Heinrich 123
Bondy, François 123
Bonet, Blai 83
Bonnefoy, Yves 123, *125*
Borges, Jorge Luis 29 f., 29, 30, 34, 46
Borges, Nora 29, *29*
Brion, Wilma de 65
Buadas, Juan 123
Buadas, Tomeo 123
Burgess, Anthony 98
Butor, Michel 123
Calvino, Italo 123
Camus, Albert 27, *27*
Castro, Américo 116 f., *117*

Cela, Camilo José 54, **54 f.**, **58**, 58, **62 f.**, 62, 63, 99, 116 f., 117, **119**, 119, 121, 123, 125
Cela, Charo 54
Char, René 123
Charpentier, Auguste 6, 103
Chillida, Eduardo 135
Chopin, Frédéric 6 f., 7, 39, 39, **40 ff.**, 41, 103, 105, 105 ff.
Christie, Agatha 117, 117 f.
Churchill, Winston 32
Cittadini, Tito 120
Colomar, Miquel Angel 29, 30, 31, **46**, 46, 74, 120
Corberó, Xavier 135
Corrales, J. A. 62
Costa i Llobera, Miquel 10, 113, 113 f., 125
Creeley, Robert **89 f.**, 89
Crichton, Tom 118
Dante Alighieri 96
Darío, Rubén **39 f.**, 108 f.
Diego, Gerardo 125
Diehl, Adan 120 f., 121
Dix, Otto 68
Domenech i Muntaner, Luis 32
Douglas, Michael 93
Dudevant, Baron 39
Dudevant, Maurice 39 ff., 103, 104, 107
Dudevant, Solange 39 f., 103
Duncan, Robert 89
Duras, Marguerite 123
Egria, Horatio de 19
Elisabeth von Österreich (Sissy) 91 f.
Elsner, Gisela 124
Ernst, Max 68
Ey, Johanna 67, 67 f.
Ferrá, Lola 79
Fontana, Julian 7, 41
Franco, General 8, 10 f., 14, 16, 26, 48, 58, 66, 132
Franz Josef I. 91
Frisch, Max 123
Garau, Antonio 12/13
García Hortelano, Juan 124
García Márquez, Gabriel 98
Gary, Romain **86 f.**
Gaudí, Antonio 32
Gaulle, Charles de 74, 86
Gerstenberg, Adele 43
Godet, General 14
Goertz, Max 64
Goldschmidt, Karl 97
Gorki, Maxim 106

Goya, Francisco 61
Graves, Lucia 99
Graves, Robert Ranke 89, 96, **97 ff.**, 97, 98, 99, 100, 119, 123
Graves, Tomás 98
Guinness, Alec 98, 99
Haftmann, Werner 80
Heldt, Werner 84 f., 84, 85
Hermann, Baron 115
Hitler, Adolf 44, 132
Homar, Catalina 93, 94
Horaz 114
Huxley, Aldous 77, 77
Isabella von Asturien 31, 34
Jaime I. (Jacob I.) 14, 20, 59
Jaime II. 14
Jaime III. 14, 15
Jandl, Ernst 90
Jeffries, Roderic 119
Jovellanos, Gaspar Melchor de 61, 61
Juan Carlos 79
Juncosa, Pilar s. Miró, Pilar
Karcev, Roman s. Gary, Romain
Kerrigan, Anthony 58, 125
Kerrigan, Elena 58
Kessler, Harry Graf **63 ff.**, 64, 75 f., 88, 96
Keyserling, Hermann Graf 46, 74, 74 ff., 121
Kodana, Maria 30, 30
Konfutse 76
Kraschutzki, Heinz 131, **131 f.**, 135
Landshoff, Fritz 87
Laotoo 76
Lawrence, D. H. 76 f., 77
Lawrence, Frieda 76 f.
Leibniz, Gottfried Wilhelm 137
Leopold II., Großherzog 91
Libeskind, Daniel **86 f.**
Llull, Ramon 19, **19 ff.**, 27, 94, 95, 108, 136 f.
Mallowan, Max 118
Manila, Gabriel Janer 83
Mann, Erika 87, 87, 88
Mann, Klaus 87 f., 87, 88
Mann, Thomas 53
Mar Bonet, Maria del 115
March, Bartomeu 135
March Ordinas, Juan 16, 24, 24, **28**, 135
Maria Antonietta, Großherzogin 91
Martin, Hansjörg 119
Martínez Ruiz, José s. Azorín
Mason, André 79
Matute, Ana María 58

Mesquida, Biel 83
Metellus, Quintus Caecilius 12
Miller, Henry 101
Mir, Gabriel 32, 34
Miró, Dolores 80
Miró, Joan 7, 40, 68/69, 78 ff., 79, 80
Miró, Pilar 78 ff., 80
Molezún, Ramón Vázquez 62
Moneo, Rafael 80
Moore, Henry 135
Morante, Elsa 124
Moravia, Alberto 123
Moyá, Llorenç 62
Muntaner, Pilar s. Sureda, Pilar
Neumann, Angela von 54
Nicholson, Nancy 97
Nikolaus von Kues 137
Nin, Anaïs 100 f., 101
Nolde, Emil 68
Oliver, Maria Antònia 119
Olson, Charles 89
Otten, Ellen 132 f.
Otten, Karl 8, 132, 132 f.
Page, Russell 135
Pankok, Otto 68
Pascoaes, Teixeira de 47 f.
Perl, Else 115
Pfemfert, Franz 132
Picany, Blanca 20
Pirandello, Luigi 102
Pons, Arnau 83
Pons, Damiá 8
Popolicio, Elena 120
Porcel, Baltasar 8, 83, 83 f.
Pritchard, Beryl 96, 98
Ramondino, Fabrizia 65, 65 f.
Renn, Ludwig 88
Reyenes, Guillem 28
Riba, Carles 125
Riber, Llorenç 115
Riding, Laura 97, 97
Riera, Carme 59, 83
Riera, Miguel Angel 83
Rivera, Primo de 14
Robbe-Grillet, Alain 123
Roderich 12
Rodin, Auguste 135
Rosselló-Pòrcel, Bartomeu 44 f., 45
Rousseau, Jean Jacques 61, 106
Rusiñol, Santiago 5, 5, 11, 32, 34 f., 53, 55,
    106, 108

Sackett, Elly 67
Sagrera, Guillermo 27, 40
Salvá, Maria Antònia 115
Salvator, Ludwig (Arxiduc) 7, 8, 35, 91 ff.,
    92, 93, 96, 107 f., 131
Sand, George 6, 6 f., 39, 39, 40 ff., 41, 103,
    103, 105, 106 ff.
Sand, Maurice s. Dudevant, Maurice
Sants Oliver, Miquel dels 106, 115
Scheffer, Ary 7
Schwarzenbach, Annemarie 87, 87
Seberg, Jean 86 f.
Segal, Arthur 46, 115
Segal, Walter 115
Seix, Victor 123
Semprun, Jorge 124
Sert, Josep Lluís 78
Silitoe, Alan 98
Smith, Martin Seymour 89
Stein, Gertrude 8, 57 f., 57, 97, 102
Sureda, Jacobo 29, 47 f., 66 f., 67
Sureda Bined, Joan 48, 109 f., 110
Sureda, Pilar 48, 109 f., 110
Sureda Sackett, Pilar 67
Tapiés, Antoni 40
Thelen, Albert Vigoleis 8, 9, 21, 22 ff., 37,
    39, 42, 42 f., 43, 43 f., 47 f., 48 f., 64,
    66 ff., 73, 75, 97, 136
Thelen, Beatrice 9, 22 ff., 37, 42 f., 43, 43 f.,
    47 f., 48 f., 66 ff., 136
Toklas, Alice B. 8, 57 f.
Tomasi di Lampedusa, Giuseppe 24
Unamuno, Miguel de 58, 107 f.
Ustinov, Peter 85 f.
Verdaguer, Mario 96
Vergil 29
Vicens, Antònia 83
Villalonga, Llorenç 21, 24 ff., 26, 34, 55 f., 62,
    76, 100, 123
Villalonga, Miquel 25, 27
Villinger, Familie 131
Vittorini, Elio 123
Vives, Amadeu 114
Vives, Antoni 93
Vivorni, Bratislav 96
Wieck, Fred 58
Williams, William Carlos 89
Wood, Thelma 102
Zayas, Marqués Alfonso de 73
Zwingli (Bruder von Beatrice Thelen) 23,
    23 f., 42